国家出版基金项目
NATIONAL PUBLICATION FOUNDATION

歷代建元考

陶棟◎編

山西出版傳媒集團
山西人民出版社

圖書在版編目(CIP)數據

歷代建元考 / 陶棟編．-太原： 山西人民出版社，2014.12
（近代名家散佚學術著作叢刊 / 許嘉璐主編）
ISBN 978-7-203-08681-9

Ⅰ．①歷… Ⅱ．①陶… Ⅲ．①年號-考證-中國
Ⅳ．①K230.7

中國版本圖書館CIP數據核字(2014)第205964號

歷代建元考

主　　編　許嘉璐
編　　者　陶　棟
責任編輯　梁晉華

出 版 者　山西出版傳媒集團·山西人民出版社
地　　址　太原市建設南路21號
郵　　編　030012
發行營銷　0351-4922220　4955996　4956039
　　　　　0351-4922127(傳真)　4956038(郵購)
E-mail　sxskcb@163.com　發行部
　　　　sxskcb@126.com　總編室
網　　址　www.sxskcb.com

經 銷 者　山西出版傳媒集團·山西人民出版社
承 印 廠　山西出版傳媒集團·山西人民印刷有限責任公司

開　　本　700mm×970mm　1/16
印　　張　10
字　　數　81千字
印　　數　1—3000冊
版　　次　2014年12月　第1版
印　　次　2014年12月　第1次印刷
書　　號　ISBN 978-7-203-08681-9
定　　價　22.00圓

《近代名家散佚學術著作叢刊》編委會

出版說明

近代名家散佚學術著作叢刊選取一九四九年以後未再刊行之近代名家學術著作共一百二十册，編例如次：

一、本叢書遴選之著作在相關學術領域具有一定的代表性，在學術研究方向、方法上獨具特色。

二、爲避免重新排印時出错，本叢書原本原貌影印出版。影印之底本皆經專家組審定，原書字體大小，排版格式均未做大的改變，原書之序言、附注皆予保留。

三、本叢書分爲八大類，以作者生卒年編次。

四、爲使叢書體例一致，本叢書前言後記均采用繁體字排版。

五、個别頁碼較少的版本，爲方便裝幀和閱讀，進行了合訂。

六、少數學術著作原書内容有個别破損之處，編者以不改變版本内容爲前提，部分進行修補，難以修復之處保留缺損原狀。

七、原版書中個别錯訛之處，皆照原樣影印，未做修改。

八、所選版本之抽印本頁碼標注，起始至所終頁碼均照原樣影印，未重新編排標注新頁碼。

由於叢書規模較大，不足之處，殷切期待方家指正。

總序一

披沙瀝金，以爲鏡鑒

◇許嘉璐

多年來有一個問題始終在我腦中盤桓：爲什麽在十九世紀末到二十世紀初，在短短的幾十年裏，中國的各個學術領域竟涌現了那麽多大師級的人物？這是中國近代史上一個極爲重要的現象，我認爲，如果不能給出令人滿意的答案，我們撰寫的近代學術史將是不完整的，甚至是缺乏靈魂的。後來我知道，著名人類學家克羅伯曾提出過一個問題：爲什麽天才成群地來？看來這種現象的出現並非中國所獨有，思考其所以然的也大有人在。而在那一次世紀之交中國的情况，似乎應驗了「天才成群地來」這個令克氏久久不解的疑問。錢學森先生曾從相反的方向提出了相同的疑問：爲什麽我們這個時代出現不了杰出人才？後來人們稱這個問題爲「錢學森之謎」。

要回答這些疑問不是件容易的事。與其迅速地囫圇地探尋，不如先多了解那些讓中國近代學術（應該包括人文科學和自然科學）史上閃耀着光輝的大師們的作品和自述，從而在腦海里盡量「復原」他們所處的環境和在那種環境下的心理路徑，從中或許可以得到一些啓示。

有一點是顯然的，這就是他們雖然都已遠離塵世而去，但是他們獨立思考的品性、求知治學的真誠、困厄窮愁中對節操的堅守，恐怕是他們共同的主觀因素，一直影響到現在，而且將會永遠留存下去。

就思想界、學術界而言，二十世紀上半葉是一個新説和舊説碰撞，中學和西學融匯的大時代。那時的學人極爲重視言行操守，同時具備現代知識分子的理想信念；他們的學術研究十分純净，絶少功利因素；他們的視界開闊，以包容的心態和嚴謹的風格造就了成果的大氣與厚重。至於在客觀因素一面，他們實際是在用工業化時代的事實解説着太史公所説的名山之作「大抵聖賢發憤之所爲作」，困厄苦難使得他們「皆意有所鬱結」。這種鬱結，幾乎和個人的名利毫無牽涉，他們永遠不能釋懷的，是民族的存亡、國運的興衰、民衆的福禍和文脈的續斷。

那個時代也是近代歷史上最大規模的中西古今學術調適、創新的時期，學術方法上的交互滲透和融合、創新亦可謂「於斯爲盛」。斯時之學人是要在封閉的屋墻上鑿出窗子的勇士，是使人能够看看外部世界的第一批導夫先路者；或者可以説，他們是在「意有所鬱結」時「彷徨」和「吶喊」的「狂人」。

相對於那時的哲人們，後來者是幸運兒。現在的形勢是，近三十年來學界空前繁榮，衆多學科有了長足之進，其中很重要的一點是學界有了更新穎、更廣闊的國際視野，似乎接續上了百年前的學壇盛事。但細想想，「古」與「今」還是有差別的。其異，主要不在於世界情勢、學術進展、工具改善這些客觀存在，而在於在廣泛吸收各國優長的同時，自身文化的主體性越來越受到重視，换言之，「拿來主義」已經延長了「拿來」的程序，加上了試用、甄別、篩選、吸收、融合、成長。就我孤陋所見，在當今地球上，面向所有異質文明，努力汲取我之所缺，其範圍之大和心態之切，似乎無出中國之右者。從這個角度説，我們已經超越了前輩。但是事情還有另外一面，學術，特別是人文學科，其職業化、「沙龍化」和功利性，以及隨之而來的浮躁病却嚴重了。從這個角度説，是不是我們已經後退得够可以的了？而這是不是我們這個時代出不了大師的原因之一呢？

民國學術界的特點之一是極爲注重對傳統的反省、批判與繼承。他們對傳統文化盡最大的努力進行整理和研究。一方面，由於戰亂頻仍，民不聊生，學者們擔起了讓中華文化薪火相傳的歷史責任；另一方面，他們要通過對中國傳統文化的整理、挖掘來重振民族自信心。這一時期對傳統文化進行整理的全面而深入是前所未有的，舉凡文字學、語言學、經濟學、法學、哲學、政治制度、書法繪畫、金石學……規模之宏大，研究之精微，令人嘆爲觀止。

民國學術推動了現代學科體系的建立。在對傳統文化整理和研究的基礎上，吸收西方的文化思想和理念，推動和建立了中國現代學科體系。例如，在對語言文字和音韵學成果進行整理、研究的基礎上開始着手規範之，建立了國語學；深入研究書法、國畫，將其融入了現代美術學科；在廢除舊有學制後逐步建立起小、中、大學較完整的科目和學科體系。

民國學術也改變了傳統學術方式，建立了新的研究範式。以現代科學考古爲發端，科研的實踐和成果使中國知識界真正認識到在實驗、比較基礎上的邏輯分析對學術研究的重要，推進了中國學術的一大演變。至於我們常説的打破士大夫傳統、走出書齋到田野鄉村和市民中進行調查研究、結束了經學時代、以歷史眼光檢視儒學和諸子等等，都是確立新學術範式的努力。這一轉變，也標誌着中國學術界脱胎换骨，全面進入了現代，爲此後的學術發展奠定了堅實的基礎。當然，西方啓蒙運動以來，在「現代性」和「現代化」裏潛伏着的缺陷和謬誤也傳到了中國，這些不能不在前哲的著作裏留下痕迹。這並不奇怪。類似的情况，古往今來孰能免之？猶如今天的我們，誰敢自稱我之所見就是永恒的真理？在這個問題上兩個時代所異者，或許就在昔時大家創立新説或譯註西學著作，往往是懷着對學術和前哲的敬畏而爲之，故而常常誤不在我；當今則往往出於對學問和他人的輕蔑，或以所研究的對象爲謀己的工具，因而難辭主觀之咎吧。翻閲他們的心血之作，這些復雜的狀況可以顯見，可以視之爲我們的一面鏡子。

滄海桑田，世事變幻，歷史的動盪和時代的遮蔽，使當年許多大師的一些極有價值的學術著作被棄於故紙堆中，不能不令人有遺珠之憾。爲此，山西人民出版社不惜以數年之艱辛，披沙瀝金，編輯出版這套近代名家散佚學術著作叢刊，凡一百二十册，計文學、史學、政治與法律、美學與文藝理論、民族風俗、宗教與哲學、經濟、語言文獻共八大類別。所選皆爲作者之純學術著作，無論是其見解、精神，抑或是其時代烙印，都是後輩學人可資借鑒的寶貴財富。他們出版這套叢書，意在讓世人不忘來程，知篳路藍縷之不易，爲民族文化的傳承再增薪木。

出版社的初衷，與我近年來所思所慮近似，故願略述淺見於書端，以與策劃者、編輯者和讀者共勉。

二〇一四年七月六日

改定於自安東回京途中

前言

◇汪高鑫

中國近代的歷史，交織着多重矛盾。有傳統社會所具有的階級矛盾，有因帝國主義入侵而激化的民族矛盾，還有新舊思想觀念的矛盾，等等。正是社會矛盾的激盪，促進了近代社會的運動、嬗變與轉型，帶動了社會各種思潮的不斷涌現，進而引發了各種史學思潮的興起和近代史學的發展。一言以蔽之，近代中國史學與史學思想的發展變化，與近代中國社會的變遷是休戚相關的。

民國時期的社會變遷與轉型，直接促成了民國史學的發展和史學觀念的改變以及史學方法的創新。縱觀民國時期社會變遷與史學的發展，大致可以劃分爲兩個時期，第一個時期從一九一二年民國成立到一九三七年抗戰爆發，第二個時期從一九三七年抗戰爆發到一九四九年新中國成立。

第一個時期，中國社會的變遷大致經歷了從中華民國建立到北洋軍閥統治、從五四運動的爆發到兩次國内革命戰爭兩個階段。與此相對應，民國史學的發展也緊隨時代變化，明顯呈現出時代特徵。

在第一個階段，中國爆發了辛亥革命，結束了兩千多年的帝制統治，建立了資産階級民主共和體制的中華民國，然而資産階級臨時政府的權力很快又落入到袁世凱北洋軍閥手裏，中國政治進入了北洋軍閥黑暗統治時期。以梁啓超爲代表的一些早期提倡新史學的史家，因爲對袁世凱政府抱有幻想，而參加了北洋軍閥政府，由於忙於事務性的工作，早前由他們發動的資産階級新史學工作因此被耽擱了。這一時期新史學流派的歷史研究没有取得什麼實質性的成果。

北洋軍閥政府的獨裁統治與尊孔復古，激起了全社會的反抗，隨着維護資産階級民主共和的護國運動和護法運動的相繼開展，思想文化領域反對尊孔復古的新文化運動也於一九一五年開始廣泛開展起來，「民主」與「科學」便是這一運動所打出的旗幟。與此同時，大概自一九一六年以後，隨着一些留美、日、歐學生先後歸國，帶來了各種資産階級新思想。一時間，各種西方新學説不斷涌入，如英國羅素的社會改良主義、法國柏格森的生命哲學、德國李凱爾特的新康德主義、美國杜威的實用主義、馬克思主義，如此等等，當時中國的思想界可謂非常活躍。這些新學説、新思想的涌入，大大激發了這一時期中國史學家們的史學思想與歷史研究，各種新的史學研究方法得到介紹和提倡，史學出現了新的氣象。

從新文化運動到一九一九年五四運動時期，史學的代表人物主要有胡適、王國維、李大釗等人。胡適一九一七年留美回國後，很快成爲新文化運動的代表人物之一。在治學方法上，他將美國學者杜威的實驗主義運用到史學研究當中，於一九一九年提出了「大膽的假設，小心的求證」的治史方法和「整理國故，再造文明」的口號，發表了中國哲學史大綱這一以實驗主義研究中國歷史的示範之作，由此開啓了近代中國實證主義史學。王國維一九一六年留日歸國後，致力於甲骨文、今文和古器物考釋等的研究，一九一七年寫成的殷卜辭中所見先公先王考、殷周制度論，是考古學與歷史學相結合的開創性的研究成果。胡適與王國維等人的史學研究與方法，開創了近代中國史學研究的新範式。李大釗是近代中國第一個傳播馬克思主義的史學家。他於一九一六年留日歸國後，便積極投身於新文化運動中。當年發表了長文民彝與政治，從學理上論述如何根除帝制獨裁問題；次年發表了自然的倫理觀與孔子，對北洋軍閥政府尊孔復古進行抨擊；一九一九年在新青年上發表了我的馬克思主義觀，開始係統介紹馬克思主義史學理論，由此奠基了中國馬克思主義歷史觀。

第二個階段，爲中國兩次國内革命戰爭時期。第一次國共合作北伐，取得了反對北洋軍閥統治的勝利；第二次國共内戰，其間日本帝國主義不斷擴大侵華，民族危機日益加重。盡管這一時期的中國戰亂不已，國家還面臨着嚴重的民族危機，卻是民國史學大發展時期；而造就這種大發展的原因，既有五四新學術思想的持續爆發的因素，也與二十世紀二三十年代社會變遷密不可分。

二十世紀二三十年代民國史學的大發展，突出表現在新歷史考證學上，這顯然是對五四時期開啓的實證史學的繼續和發展。一九一九年底，胡適發起「整理國故」運動，從歷史學的角度提出「整理國故」的步驟與方法，繼續宣揚他的所謂學術求真。胡適認爲，「整理國故」的目的在於學術求真，並非現實致用，並提出了「整理國故」的四個具體步驟：第一步是條理係統的整理，第二步是尋出每種學術思想發生原因和效果，第三步是要用科學的方法做精確的考證，第四步是綜合前三步的研究還他一個本來面目。應該説胡適的「整理國故」對於歷史研究有着方法論的意義。受胡適疑古實證思想影響的顧頡剛，在史學上的突出成就和影響，是提出「層累地造成的中國古史」的觀點，以及創辦古史辨，推動中國古史的研究。顧頡剛古史辨的具體成就，除去提出「層累地造成的中國古史」的命題，還揭示了三皇五帝古史係統由神話傳説層累造成，打破了民族出於一元和地域向來一統的傳統説法，以及對古書著作時代的大量考訂。顧頡剛的治史宗旨，用他自己的話來説，就是「只當問真不真，不當問用不用」（注一）。傅斯年曾經留學德國，深受西方蘭克「史料即史學」的實證主義影響。一九二八年創辦中央研究院歷史語言研究所，大力宣揚蘭克史學思想。按照傅斯年的説法，「學問之道，全在求是」（注二），一分材料只能説一分話，史學便是史料學。王國維在這一時期的歷史考證涉獵廣博，於漢晋木簡研究有流沙墜簡考釋、墜簡考釋補證和簡牘檢署考，於敦煌寫卷研究有與羅振玉合編的敦煌石室遺書，於甲骨文等古文字研究貢獻尤大。在治史方法與理論上，王國維的

「二重證據法」之「古史新證」理論，對於民國史學的影響極大。陳垣這一時期的治史集中於宗教史和文獻學。於宗教史上，從一九一七年至一九二三年，他先後發表了元也里可溫考、開封一賜樂業教考、火祆教入中國考和摩尼教入中國考，合稱「古教四考」；於文獻學上，他對目録學、年代學、史諱學和校勘學等領域多有建樹。陳垣治史以重史源、講類例爲其特點。以上史家雖然治學方法與特點不盡相同，但都以考證見長。

這一時期「新史學」史家的史學研究與方法也取得了一定的成就。梁啓超這一時期的史學研究可謂多產，從一九二〇年至一九二七年，先後發表清代學術概論、先秦政治思想、中國歷史研究法及補編、中國近三百年學術史和古書真僞及其年代等，治史重點在學術史與方法論。與當年發起「新史學」相比，梁氏這一時期的史學研究呈現出廣疏多變的特點。何炳松在「新史學」思潮中可謂獨樹一幟，他於二十世紀二三十年代中國史學界的最大影響，便是對魯濱遜新史學的介紹和評論。何炳松係統闡發了「新史學」的「綜合史觀」，主張歷史研究要反映人類活動的全部，史學研究的方法應該多元化，如統計學的方法、生物學的方法等等，要綜合利用各種學科的成果特別是新學科的進展開展歷史的研究，並表達了對於歷史學的意義、價值和發展前景的看法。

與此同時，這一時期的馬克思主義史家對歷史學的研究繼續做出了貢獻。一九二四年，李大釗出版史學要論，運用唯物史觀對歷史、歷史學、歷史學的係統、史學在科學中的地位、史學與其他相關學科之間的關係、現代史學的研究及於人生態度的影響等史學基本理論問題作了闡述。一九二七年大革命失敗後，一些關注中國前途與命運的學者受到困惑，於是一場關於中國社會性質的大論戰逐漸開展起來。馬克思主義史家積極參與其中，郭沫若便是其中的杰出代表。一九三〇年，郭沫若出版了中國古代社會研究一書，這是民國時期中國第一部運用唯物史觀分析、解剖中國古代社會的著作。該書以物質資料生產方式的發展和變革來解釋中國古代社會歷史發展的全過程，論證中國歷史發展與世界歷史發展的共同性，對中國古史分期提出了自己獨創性的看法。參與社會史大論戰的馬克思主義史學家還有呂振羽、何幹之、翦伯贊、侯外廬、鄧拓等人。但總體來看，與歷史考證學派相比，這一時期的「新史學」派和馬克思主義史學派並不佔據主流。

第二個時期，中國經歷了抗日戰爭和解放戰爭，民國史學在這個時期的表現有兩個顯著特點：其一是緊緊服務於抗戰的需要而出現的抗戰史學；其二是馬克思主義史學得到了迅速發展，逐漸形成自己的革命史學體係。

抗日戰爭的爆發，引起了中國史學界巨大的震撼。面對中華民族出現前所未有的嚴重危機，在第一時期佔據史學主流地位的新考證學派史家，他們過去那種一味重視學術求真，而不講究學術致用的治史價值取向，在這時發生了重大改變，開始以史學積極服務於抗戰。早在九一八事變以後，面對中華民族的危機，顧頡剛、傅斯年、陳垣等考證學派史家就開始拿起自己的史筆，積極投身於抗日救亡的時代大潮中。顧頡剛一九三四年創辦禹貢半月刊，開始高舉愛國主義的民族主義旗幟。之所以要以「禹貢」爲刊名，按照顧頡剛的説法，是「今日談起禹域，都會想起『華夏之不可侮與國土之不可裂』」（注三）。很顯然，禹貢半月刊的宗旨，便是要通過對於邊疆歷史地理的研究，激發全民族抵抗日本帝國主義侵略的熱情與決心，以達到維護祖國領土完整的目的。傅斯年在九一八事變後，出版了東北史綱，以大量史實論證東北自古以來就是中國的固有領土，對日本帝國主義御用歷史學家的種種歪曲史實的謬論予以駁斥。全面抗戰爆發後，傅斯年又寫了中國民族革命史一書，雖然是未完稿，卻已經表達了他的民族思想。該書以歷史爲依據，充分論證了中華民族的同一性、整體性和不可分割性，因此，在面對日本帝國主義侵略中國的嚴重危機的緊要關頭，中華民族應該團結起來共同禦侮，要發揚中華民族百折不撓的精神，樹立起中華民族抗戰的必勝信心。陳垣在新中國成立後給友人的書信中講到了九一八事變後他的治史取向的轉變：「九一八以前，爲同學講嘉定錢氏之學；九一八以後，世變日亟，乃改顧氏日知録，注意事功，以爲經世之學在是矣。」（注四）抗戰爆發後，陳垣當時身陷淪陷區，卻堅持以史學爲抗戰服務，其中最具代表性的史著便是「宗教三書」和通鑑胡注表微。所謂「宗教三書」，是指明季滇黔佛教考、清初僧諍記和南宋初河北新道教考，雖然講的是宗教，卻表現了愛國的民族情操。明季滇黔佛教考是表彰明末遺民的愛國精神與民族氣節；清初僧諍記是通過宗教史的研究，來揭露變節者、抨擊賣國求榮的漢奸；南宋初河北新道教考也是用以表彰抗節不仕之遺民。通鑑胡注表微是陳垣最具代表性的史學著作，也是一部關注現實的史著，書中表現出了陳垣對歷史前途和民族命運的思考。錢穆在抗戰時期的史學研究，愛國的民族主義色彩也非常濃厚。一九三七年，錢穆寫成了與梁啓超同名史著中國近三百年學術史。該書以思想文化爲基礎和綫索，以學術傳承爲核心，通過史實證明中國傳統文化的優越性，旨在提醒國人要重視挖掘中國傳統文化的長處和價值，持守中國傳統文化的精神，保持一種民族的自信心。毫無疑問，這種民族自信對於全民族團結抗戰是非常必要的。一九四〇年，錢穆多年國史教學講義國史大綱出版。該書以「國史」作稱謂，反映了作者作史的民族國家本位意識。錢穆明確指出：「治國史之第一任務，在能於國家民族之内部自身，求得其獨立精神之所在。」（注五）該書的具體内容也充分體現了這一精神，它將文化、民族與歷史三者結合起來對中國歷史加以考察，認爲這種歷史發展過程即是民族文化精神的演進過程，歷史研究的目的不僅在於弄清楚歷史的真實，更重要在於弄清楚歷史背後蘊藏的民族文化精神，從而積極地去傳承這種民族文化精神。

當然，新考證學派史家開始轉向經世致用，只是治史的價值取向發生了變化，並不等於放棄了一貫的注重考證的治史方法。相反，在民國後期，這種治史方法還得到了發展，并且取得了很多重要成果，陳寅恪的詩文箋證和「民族文化之史」的論述便是典型代表。陳寅恪屬於考證學派代表人物之一，這一時期出版的隋唐制度淵源略論稿和唐代政治史述論稿是其考證隋唐史的力作。陳寅恪對於史料的運用有自己獨到的見解，認爲史家之於史料應該善於審定，辯證地看待真僞；同時要善於利用史料，詩詞、小説，以及稗史、筆記等，都可以用做歷史研究的材料，這顯然是一種「通識」的史料觀。陳寅恪詩文箋證的治史方法，即是在這種史料觀的指導下產生的，具體做法是以歷史記載去箋證詩文，同時詩文又可用以證史、探討史事，從而開闢出了一條新的證史路徑。一九五〇年出版的元白詩箋證稿，以及晚年寫成的巨作柳如是別傳，便是運用這種方法的代表作。陳寅恪關於「民族文化之史」的論述，其基本内涵包括政治制度、社會習俗、學術思想、文學藝術。陳寅恪的歷史觀念，是要以民族文化爲根基，同時吸收外來學説，由此構建起本民族思想文化體係；而不談經濟基礎的作用，則是其歷史觀念的局限性。

這一時期的中國馬克思主義史學家，不但積極投身於抗戰史學當中，爲全民抗戰進行歷史研究，而且把歷史研究與當時的革命鬥争相結合，逐漸形成了馬克思主義的革命史學。縱觀這一時期中國馬克思主義史學研究，主要在以下三個方面取得了顯著成就：其一是社會史研究，代表史家有吕振羽、鄧初民、侯外廬等人。吕振羽於一九四二年出版了中國社會史諸問題，該書是對二十世紀二三十年代中國社會史問題論戰的一個較爲係統的總結，正如作者在新版序言中所説，該書「反映了中國新史學在歷史科學戰綫上的鬥争過程中的若干情況，也反映了有關各派對中國史問題的基本立場、觀點、方法及其在一定時期的發展過程，可作爲中國馬克思主義史學史的參考資料」。鄧初民於一九四〇年和一九四二年分别撰寫出版了社會史簡明教程和中國社會史教程，兩書運用馬克思主義唯物史觀，分别論述了人類社會歷史的發展過程及其規律和中國社會歷史的發展過程及其規律。在中國社會史教程一書中，鄧初民指出了中國社會發展的前途是光明燦爛的，我們應該要「努最後必死之力，加以争取」。侯外廬於一九四七年出版了中國古代社會一書，内容涉及生産方式、政治結構、階級關係、國家和法以及道德起源等問題，見解頗爲深刻。總體來説，這些社會史著作可以被看作是二十世紀二三十年代社會史大論戰的總結、延續和深入。

其二是通史研究。這方面的成就尤爲突出，吕振羽的簡明中國通史、范文瀾的中國通史簡編和翦伯贊的中國史綱都是這一時期的通史名作。吕振羽於一九四一年出版簡明中國通史上册，如同其出版序言所説，該書「與從來的中國通史著作頗不同」，這種「頗不同」主要表現在它「把中國歷史作爲一個發展過程在把握」，「還盡可能照顧到中國各民族的歷史及其相互關係」。一九四八年出版下册，在跋語中作者申明該書的基本精神是「把人民歷史的面貌復現出來」。范文瀾於一九四二年出版了中國通史簡編，該書的基本精神旨在將歷史研究與中華民族的前途相結合，如同作者在上册序言中所説的，「我們要瞭解整個人類社會的前途，我們必須瞭解人類社會過去的歷史；我們要瞭解中華民族的前途，我們必須瞭解中華民族過去的歷史」。這也正是中國通史簡編撰寫的初衷。本着這樣一個目的，該書的編寫運用馬克思主義觀點，肯定勞動人民的歷史作用，重視探尋社會發展的規律，注意分析階級鬥争的本質，積極反映生産鬥争的面貌。翦伯贊於一九四三年和一九四六年分别出版了中國史綱第一、二册，該書運用馬克思主義觀點，剖析了商周社會性質以及戰國秦漢社會性質的轉變，注意將中國歷史置於世界歷史的大背景下進行考察，在研究方法上重視以考古材料與文獻資料相結合。

其三是思想史研究，代表史家有吕振羽、何幹之、侯外廬等人。吕振羽於一九三七年出版了中國政治思想史，這是我國第一部運用馬克思主義理論論述中國政治思想的著作。撰述的初衷，是針對陶希聖的同名著述，可以被視爲社會史論戰的延伸。作者解釋所謂的政治思想史，「本質上係同於社會思想史」。全書按社會性質及其發展階段，對上自商朝下至鴉片戰爭前的中國政治思想史作了係統論述。何幹之於一九三七年出版了近代中國啓蒙運動史，該書重視將思想運動和社會的經濟結構、政治形態聯係在一起來進行研究，肯定評價各種思想文化必須運用「歷史的眼光」，把思想文化放在特定的歷史環境中進行考察、分析和評價。侯外廬關於思想史的研究建樹最多，他於一九四四年出版了中國古代思想學説史，具體探討了歷史演進與思想發展、新舊範疇與思想變革、思想發展過程與時代個别學説、學派同化與學派批判、學説理想與思想術語、現實與遠景等等的關係，見解深刻；一九四五年出版了中國近世思想學説史，這是一部論述十七世紀至二十世紀中國思想學説發展史的著作，以十七世紀爲啓蒙思想期、十八世紀爲漢學運動期、十九世紀以後爲西學東漸期做劃分；一九四七年主持編寫出版了中國思想通史第一卷，該書編寫的主旨思想，作者在出版序中説，是「特在於闡明社會進化與思想變革的相应推移，人类新生與意識潛移的聯係」。

如果説五四運動以來至抗戰以前的中國馬克思主義史學的傳播主要還只是李大釗、郭沫若等少數人的努力的話，那麼隨着抗日戰爭爆發，這樣的局面得到了很大的改觀，馬克思主義史學在此後得到了迅速發展。隨着馬克思主義史學家們在史學研究各個領域的全面開展，并且取得了許多重要的研究成果，一種新的「革命史學」體係便逐漸建立起來了。這種「革命史學」爲抗日戰爭和全國解放戰爭的勝利做出了重要貢獻，成爲中國共産黨領導的中國革命事業的重要組成部分。

縱觀民國時期史學的發展，明顯呈現出以下特點：首先是階段性。民國史學如同民國社會一樣，處在不斷的嬗變當中，故而呈現出明顯的階段性特點。這種階段性，大致可以分爲民國建立前後從傳統史學向新史學的轉變，五四時期及此後新史學向考證史學（廣義而言考證史學也屬於新史學）的轉變，抗戰時期考證史學向經世史學的轉變，從抗戰到解放戰爭時期，馬克思主義革命史學迅速發展。

其次是經世性。民國史學的嬗變，呈現出階段性特點，又是與史學發揮其經世功能緊密相連的。五四新考證學派史學雖然標榜自己的學問「只當問真不真，不當問用不用」，其實他們的考證史學是與五四新文化運動提倡的科學精神分不開的。新考證史學雖然有傳承乾嘉治史方法的因素，更有學習西方，希望建立科學的史學的願望所在。正如顧頡剛所説的，「五四運動以後，西洋的科學的治史方法，才真正傳入，於是中國才有科學的史學可言」（注六）。這種科學的史學，與當時建立科學、民主的中國的社會訴求是相一致的，其實也是具有經世的内蘊於其中的。抗戰時期，包括實證主義和馬克思主義等在内的史家都積極投身於宣傳民族文化當中，則是與當時的救亡圖存聯係在一起的，這種史學經世直面社會問題、直面民族危機，其方式當然更加直截了當。毫無疑問，民國史學在其不同階段，整體上都没有脱離經世的主旨，這也是中國史學的優良傳統。

再次是流派多。這一時期的史學流派可謂异彩紛呈，有新史學派、國粹派、新考證學派、馬克思主義學派等等。每一學派下面又可具體劃分出具有不同特點的派别，如新考證學派雖然都以考證見長，但他們的學術風格還是不盡相同的，據此又可細劃出以胡適爲代表的實證派、顧頡剛爲代表的古史辨派、傅斯年爲代表的史料學派、王國維爲代表的考古派等等。一些學者根據各自不同的標準，對民國史學流派作了不同的劃分，如有信古派、疑古派與釋古派之分，有傳統派、革新派與科學派之分，有考據學派、唯物史觀派和理學派之分，有掌故派、社會學派之分，如此等等，不一而足。

總體來看，民國史學影響最大者，莫過於新考證學派和馬克思主義學派，抗戰以前以新考證學派最盛，抗戰以後馬克思主義學派得到迅速發展。這些史學流派的史學理論與方法，迄今依然成爲我們歷史研究的重要範式。

近代名家散佚學術著作叢刊選取了一九四九年以後未再出版的十六部民國時期的史學著作進行重刊，它們分別是朱謙之的扶桑國考證、魏應麒的中國史學史、衛聚賢的中國考古小史、陳伯瀛的中國田制叢考、謝國楨的清初流人開發東北史、張鵬一的唐代日人來往長安考、鍾歆的揚子江水利考、梁盛志的漢學東漸叢考、顧頡剛、楊尚奎的三皇考、陶棟的歷代建元考、陳述的契丹史論證稿、陳寶泉的中國近代學制變遷史、陳里特的中國海外移民史、鄭鶴聲的史漢研究、章中如的清代考試制度資料和郭伯恭的永樂大典考。之所以重刊這批史學著作，是看到了它們在今天依然有其學術價值所在。作爲一份豐厚的史學遺産，值得我們去加以發掘和繼承。

從所選十六部史學作品來看，明顯打上了民國史學的時代烙印，體現了民國史學的時代特徵。首先，研究内容涉獵廣博。涉獵廣博，是民國史學的基本特點，反映了民國史家學術視野的開闊。選擇重刊的雖然只有十六部史著，涵蓋面卻非常廣博，有史學史方面的，如中國史學史、史漢研究；有學術史方面的，如漢學東漸叢考、永樂大典考；有教育史方面的，如中國近代學制變遷史、清代考試制度資料；有經濟史方面的，如中國田制叢考、揚子江水利考、清初流人開發東北史；有考古史方面的，如中國考古小史；有民族史方面的，如契丹史論證稿；有中外交往史方面的，如扶桑國考證、唐代日人來往長安考、中國海外移民史；還有名號、年號史方面的，如三皇考、歷代建元考等。這樣的全方位的歷史研究，是民國史學的一個縮影。

其次，治學方法重視考證。重視考證，是民國史學的顯著特點。在十六部史著中，除去魏應麒的中國史學史、衛聚賢的中國考古小史、陳寶泉的中國近代學制變遷史、陳里特的中國海外移民史、鄭鶴聲的史漢研究和章中如的清代考試制度資料等六部外，其他十部都是考史著作。涉及的考證領域很廣，有國名、田制、開發、交通、水利、學術、名號和學制等等。在具體考證上，重視方法的運用。如朱謙之的扶桑國考證，按照作者自己在自序中所說，該書是「從文獻學、民俗學、考古學三方面的史料搜集和批評的結果」，這裏既是講史料搜集問題，也是講歷史考證方法。又如陳伯瀛的中國田制叢考，作者也在自序中交代了其作史、考史方法：首在網羅放失，整輯舊聞；次在探究原本；三則覆核名實；四則辨正事蹟；五則鑒古度今。可見該書對廣占資料、辨證核實的重視。

再次，治學宗旨强調致用。經世致用，是民國史學的重要特點，抗戰以後的史學表現尤其突出。所選十六部史著，也體現了重視經世致用的特點。如陳伯瀛之所以要撰述中國田制叢考，按照作者的解說，是因爲田制與農人、社會和國家休戚相關。該書「敍引」就說，田制影響農人生計，農人生計又會影響到社會秩序與和平。又如鍾歆的揚子江水利考，作者在該書「敍言」中論述了撰述該書的原因：一方面民國以前揚子江鮮有水患，所以過去這方面的論著很少；另一方面民國以來的數十年間，揚子江水患頻發，國家需要計劃治理，而治理水災，就必須要先瞭解水文歷史。很顯然，該書是爲了治理揚子江水患的需要而撰寫的，經世意圖非常明顯。再如陳寶泉作中國近代學制變遷史，其實是蘊含了作者教育救國的思想於其中的。在該書自序中，作者明確指出學制與人才問題關係到國家興亡的根本。他有感於當時各國教育制度的日新月異，而中國卻沒有關於教育制度的專書作比較，致使切合國情的新的教育一時無由發現。他撰寫該書的目的，便是希望通過總結近代中國學制的變遷，找尋出一種更加適合當時中國需要的新的學制。

最後，歷史見解精辟獨到。如朱謙之扶桑國考證考證扶桑國爲何處，這是對當時世界史學界討論的一個熱點問題的積極回應。自從一七六一年法國人歧尼（De Guignes）發表中國人之美洲海岸航行及住居亞洲遠東之幾個民族的研究，提出扶桑爲美洲墨西哥說以來，引起了世界史學界的長期大討論，基本觀點無非有肯定與否定兩種，否定中又有扶桑國爲日本和樺太的不同說法。朱謙之依據文獻、民俗和考古資料，比較了世界史學界諸説的異同和存在的問題，得出了扶桑即美洲墨西哥的結論，不但駁斥了扶桑非美洲説的觀點，而且對美洲説也作了補充論證，更有説服力。又如魏應麒的中國史學史的問世，按照作者的説法，是「前無作者」的史著，卻表現得非常成熟。該書對中國史學的特質與價值、史籍的位置與類別、史館建置與職守、史學發展之情形、史書體裁之發展、史學理論與方法之運用等等，都提出了自己的見解，即使在今天，也不失爲有創見的反映中國史學史的著作。又如顧頡剛、楊尚奎的三皇考，這是民國考證派史學的代表作之一。在該書中，作者對「皇」、「三皇」、「太一」等相關概念作了係統闡釋，對三皇説與太一説的消長及其相互關係進行了論述，對與三皇相關的伏羲、盤古、女媧等古聖王的地位變化作了考察，對三皇、太一在道教中的地位作了説明，對歷史上關於三皇的信仰與祭祀情況作了梳理，并且旁及河圖洛書、三墳五典等等内容。這樣一個係統的考察，旨在論證「三皇」傳説只是托古改制的産物，認爲民族自信力應該建立在理性上，而不是虚假的三皇上。書中闡發的觀點，在當時史學界有很大的影響。應該説所選十六部史著，都是作者的心得之作，這裏不一一贅言。

挖掘、清理和總結民國史學，對於我們全面認識和係統借鑒民國史學，推動新時期中國史學與史學思想的發展是很有裨益的。借此對主持重刊工作的山西人民出版社表達一個史學工作者的由衷敬意！

二〇一四年五月於北京師大京師園

注一　當代中國史學，遼寧教育出版社一九九八年版，第一百五十三頁
注二　史料論略及其他，遼寧教育出版社一九九七年版，第二百頁
注三　禹貢四卷十期，禹貢學會募集基金啓事
注四　陳智超陳垣來往書信集，上海古籍出版社一九九〇年版，第二百一十六頁
注五　國史大綱，商務印書館一九九四年版，第十一頁
注六　當代中國史學，遼寧教育出版社一九九八年版，第二頁

作者簡介

陶棟，生平不詳。

薛序

夷考吾國自炎黃至今，亘數千年；歷代相沿，文明遞嬗，關於編年紀事之書，汗牛充棟。是以初學有志史學者，恆苦難得津梁，廢書興嘆。至於建元一書，向少完善之作；即績學之士，對於歷代建元正閏僭竊諸大端，亦多難了然，識者慨之。貴筑陶君震生，學極淵博，讀史得間；邇以服務路政之暇，纂就歷代建元考，起西漢文帝壬戌，終淸宣統辛亥，舉凡吾國歷代年號，大略具於此矣。而且考表分明，條理秩然，能使閱者一經寓目，無繙閱全史之勞，可得提綱絜領之要，洵佳本也。其嘉惠後學，豈淺鮮哉！書成，馳函問序，用綴數語以誌景仰。

中華民國十八年三月解梁薛篤弼謹序。

陶序

儒者盱衡今古，考鑒成敗治亂之源，必以讀史爲急務。然諸史充棟，不獨政治沿革，紀、傳、志、表，披覽惝怳，卽歷代紀元年號，炎漢迄今二千餘載，正閏僭竊，糾紛複沓，非有鈎元提要，未易豁目爽心。前人彙錄年號之書，自唐封氏演以下，繼作者不啻數十家，疏密不等，大都積久亡佚。卽近代吾鄉沈氏德符之正閏考，俞氏汝言之紀年譜，周氏楚之續歷代帝王年表，皆不可得見。嘉慶甲子，鄉先輩葉兩垞先生，有紀元通考十二卷，安化陶文毅武進李申耆皆稱其精密詳審，勝於古人。咸豐兵燹，原板成劫灰。三十年前曾得一部，不甚措意。已而南北奔走，此書亦復遺失。詢之書肆，罕知其名，曷勝惋惜！族姪震生，孤露轉徙，不廢佔畢。去夏由青島寄示所輯歷代建元考四編，博收約載，鱗次臚陳，正閏僭國，都凡九十有八；改元建號，凡七百五十有八；附錄僭竊及見於雜書者又四百廿有三。損其評論，增其表牒，如珠在握，如絲不紊，堪備讀史者參考之資。震生囑爲校訂，并索序言。余於乙部初無心得，加以衰病荒落，奚能有所裨益！繙閱既竟，稍以臆見商訂數條，以視葉著，或可先後頡頏。其體裁略有不同，則時地爲之，具詳自序及凡例中，余不贅論。夫史不易讀，讀史而爲之撰表，條舉綱羅，鈎心鬬角，尤屬難能；非若史評劄記，可信筆發議，有乘輿攄辭之樂也！乃震生於飢驅之餘，不憚孳孳薈萃，洵沈潛嗜學，爲人所難者矣。以餉閱者，大省考索之勞，當不以余言爲阿好乎！己巳孟春，秀州陶葆廉書於歇浦寓廬。

凡例

一本書主旨，意在整理國故，運以科學方法，化繁爲簡，藉便研究，爲治史之初步可，爲考古之助亦無不可。

一本書以表爲主，以考爲輔，重建元而不重記事；除正統各國略誌緣起傳次年數，間及大事外，其餘諸僭國僅著僭立起訖，以歸簡易；欲求厥詳，自有正史及各家纂述在。

一各僭國頭緒紛繁，不易明瞭者，別列總考於各表之前，以資參考。

一凡互相吞幷，興替無常，有非數字所能顯示者，如東晉之十六國，五代之十國等，各於結尾後殿以興亡表，以補總考所不及。

一凡帝王稱謂，各史棼如，有稱宗者，有稱謚者，有稱廟號徽號或陵號者，不但名稱淆亂，抑且易致重複。本書於正統及敵體之國，僅稱宗謚，自餘各號，悉行刪去，而於某宗某帝之下各註諱名，最初一帝必冠姓氏，以資識別而免各朝牽混。

一凡僭國稱謂，概從簡易，無論帝王宗謚一律改稱某主，以昭畫一而示區別。僭竊之暫據方者，則削其主號，直標姓名。

一　建元之重出者，則彙爲總表，附諸卷末，註明某國某帝及重複次數，以資校對而免檢查之煩。

一　本書所收建元，係採普徧主義，除外藩外國及中葉諸僭竊外，無分正閏割據，一律登載。其立國無建元或奉他國年號者，概不著錄以示限制。

一　凡奉他國年號，嗣後又未改元，或立國之始未建年號，而其子若孫有年號者，則本人不列表內，僅著其傳世之次序於國別考中或標題之下，以示不沒其實。又本身無年號而其祖若父有年號者倣此。

一　正統者乃各國之綱領也；揆以江河朝宗之義，自應嚴定一尊，用示區別。茲於本書之終，殿以歷代正閏系統表，庶二千載之史事，有所附麗，且示採錄雖寬，而所重者固有在也。

一　正統之論，自昔紛紜，本書於此，一以蘄合事理爲斷。紫陽之奪魏予蜀，義雖正大，實未合事理之宜。崇魏黜蜀，自以涑水之義爲長。何以言之？蜀先魏亡，承魏者晉；予蜀，則蜀亡後之正統不免有中斷之嫌，予魏則前有所承，後有所授，可免中斷，事理較爲允協。本書一仍涑水之舊，列魏於正統表中；若夫正而不統，與夫統而不正，乃嚴格之正統論，非本書之範圍，概不具論。

一凡正統國易代之際，各史大都一年兩列，互書建元年數，最易牽混。本書於此，僅書與國之建元，其亡國之建元，皆算至前一年爲止，以免重複。又凡同一國家，一年中有兩君二建元，或同一君二建元者，亦倣此。

一凡正統國年數之起算，一以其國始得正統之年爲斷。例如隋之正統，得之於陳，其開皇九年以前之年數，既未滅陳，概不算入正統數內，以免年數重複，有兩統之嫌，餘倣此。

一本書所列建元，以見於正史者爲限。其正史所無，散見各家著述者，尚復不少；惟大都根據稗乘，無關大義，未敢據爲典要。第爲廣異聞計，爰萃爲拾遺一編，附諸本書之後，以備閱者之參考。又雖見正史而事蹟不詳，或無國號，及各朝中葉諸僭竊，本書中不便立考者，一概歸入拾遺中。

震生手識

歷史叢書

歷代建元考 目錄

第二編　起隋終五代……三八——五八

右凡九十八國共建元七百五十有八

右計建元凡四百二十有三

歷代建元考

第一編　起西漢終南北朝

西漢

姓劉氏，名邦，字季，沛豐人。於秦二世元年九月，起兵於沛，稱沛公。又三年乙未，即漢王位，漢五年即皇帝位，都長安。傳十二帝一后，凡二百一十四年。惟自高祖至惠帝呂后，共在位二十七年，皆無年號，故不列入表內。以後倣此。文景二帝，雖未建元，其後元、中元，迹近年號，且後此武帝光武嘗用以建元，故並載焉。又帝王之有建元，自武帝始，以前無建元名目，僅曰某帝幾年而已。至以建寅之月定爲歲首，亦起於武帝太初元年。

帝別	建元別及年數	改元次數	在位年數
文帝 劉恒	元至十六 起壬戌	一	二十三
	後元七 起戊寅		
景帝 啓	元至七 起乙酉	二	十六
	中元六 起壬辰		
	後元三 起戊戌		
武帝 徹	建元六 起辛丑	十一	五十四
	元光六 起丁未		
	元朔六 起癸丑		
	元狩六 起己未		
	元鼎六 起乙丑		
	元封六 起辛未		
	太初四 起丁丑		
	天漢四 起辛巳		
	太始四 起乙酉		
	征和四 起己丑		

帝別	建元別及年數	改元次數	在位年數
	後元二 起癸巳		
昭帝 弗陵	始元六 起乙未	三	十三
	元鳳六 起辛丑		
	元平一 丁未		
宣帝 詢	本始四 起戊申	七	二十五
	地節四 起壬子		
	元康四 起丙辰		
	神爵四 起庚申		
	五鳳四 起甲子		
	甘露四 起戊辰		
	黃龍一 壬申		
元帝 奭	初元五 起癸酉	四	十六
	永光五 起戊寅		
	建昭五 起癸未		
	竟寧一 戊子		

成帝 驁	建始四	起己丑	七	二十六
	河平四	起癸巳		
	陽朔四	起丁酉		
	鴻嘉四	起辛丑		
	永始四	起乙巳		
	元延四	起己酉		
	綏和二	起癸丑		
哀帝 欣	建平四	起乙卯	三	六
	太初元將	丙辰六月改六月仍稱建平二年		
	元壽二	起己未		
平帝 衎	元始五	起辛酉	一	五
孺子嬰	居攝二	起丙寅	二	三
	初始一	戊辰十月改		

西漢末閏位國二

新 安漢公王莽，於初始元年十二月篡漢，自稱新皇帝。明年改元始建國，都長安，在位十四年有奇。更始元年九月，爲漢兵所誅。

漢 淮陽王劉玄，漢春陵節侯買之元孫，長沙定王發之五世孫，於地皇四年二月，爲新市平林諸將所立，因初號更始將軍，故即位後即以更始紀元，都宛，遷洛陽，明年又遷長安，爲赤眉所敗走。建武元年秋，封淮陽王，是年冬，爲赤眉所殺。在位二年。

國別	主別	建元別及年數	改元次數	在位年數
新	安漢公 王莽	始建國五 起己巳 天鳳六 起甲戌 地皇四 起庚辰地皇四年即建武元年	三	十四 十四年零九月
漢	淮陽王 劉玄	更始三 癸未二月改三年六月即建武元年	一	二

西漢末僭國一

成

公孫述，於更始元年秋起兵成都，稱益州牧。二年秋，稱蜀王。三年四月，稱成帝，改元龍興，國號成。建武十二年十一月，兵敗，爲漢將吳漢所殺，在位十三年。

主稱	建元及年數	改元次數	在位年數
成主 公孫述	元年 甲申 龍興十二 起乙酉	一	十三

東漢

劉秀，漢宗室，長沙定王發之五世孫，於地皇三年秋，偕兄縯起兵舂陵，興復漢室。更始元年，徇河北，二年封為蕭王，明年六月，即皇帝位於眞定，改元建武，都洛陽，傳十三帝，一百九十五年，為曹丕所篡。

帝別	建元別及年數	改元次數	在位年數
光武帝（劉秀）	建武三十一　起乙酉 中元二（一曰建武中元）　起丙辰	二	三十三
明帝（莊）	永平十八　起戊午	一	十八
章帝（炟）	建初八　起丙子 元和三　起甲申 章和二　起丁亥	三	十三
和帝（肇）	永元十六　起己丑 元興一　乙巳	二	十七
殤帝（隆）	延平一　丙午	一	一

帝別	建元別及年數	改元次數	在位年數
安帝（祜）	永初七　起丁未 元初六　起甲寅 永寧一　庚申 建光一　辛酉 延光四　起壬戌	五	十九
順帝（保）	永建六　起丙寅 陽嘉四　起壬申 永和六　起丙子 漢安二　起壬午 建康一　甲申	五	十九
沖帝（炳）	永嘉一　乙酉	一	一

質帝	纘	本初一	丙戌	一	一
桓帝	志	建和三	起丁亥	七	二十一
		和平一	庚寅		
		元嘉二	起辛卯		
		永興二	起癸巳		
		永壽三	起乙未		
		延熹九	起戊戌		
		永康一	丁未		
靈帝	宏	建寧四	起戊申	四	二十一
		熹平六	起壬子		
		光和六	起戊午		
		中平六	起甲子		
少帝	辯	光熹	己巳四月改	二	
		昭寧	己巳八月又改		
獻帝	協	永漢	己巳九月改	六	三十一
		中平	己巳十二月復稱六年		
		初平四	起庚午		
		興平二	起甲戌		
		建安二十四	起丙子		
		延康一	庚子即魏黃初元年		

【附註】少帝辯於中平六年四月即位，改元光熹，八月又改昭寧；九月，董卓廢帝為宏農王，立獻帝，改元永漢，十二月詔除光熹昭寧永漢三號，自十二月以前，仍稱中平六年。

三國

魏

曹氏自漢丞相操於建安十八年自立爲魏公，旋稱王。至子丕，於延康元年十月篡漢，廢獻帝爲山陽公，有中原地，都洛陽，傳五主，共四十五年而禪於晉。

帝別	建元別及年數	改元次數	在位年數
文帝 曹丕	黃初七 起庚子冬十月	一	七
明帝 叡	太和六 起丁未 青龍四 起癸丑 景初三 起丁巳	三	十三
邵陵公 芳	正始九 起庚申 嘉平五 起己巳	二	十四
高貴鄉公 髦	正元二 起甲戌 甘露四 起丙子	二	六
元帝 奐	景元四 起庚辰 咸熙二 起甲申二年卽晉太始元年	二	五

蜀漢

劉備，漢宗室，中山靖王之後。於魏黃初元年定益州，稱漢中王。翌年卽皇帝位，改元章武，有益州巴蜀漢中地，都成都。傳二主，共四十四年而滅於魏。

帝別	建元別及年數	改元次數	在位年數
昭烈帝 劉備	元年 庚子 章武三 起辛丑三年夏卽建興元年	一	三
後主 禪	建興十五 起癸卯 延熙二十 起戊午 景耀五 起戊寅 炎興一 癸未	四	四十一

吳

自孫策創業，孫權繼之，有荊揚二州及交州地。黃初二年，降魏，受封吳王。明年，改元黃武，太和三年稱皇帝，改元黃龍，由武昌還都建業，與漢約中分天下，傳四主，共五十九年而滅於晉。

帝別	建元別及年數	改元次數	在位年數
大帝 孫權	黃武七 起壬寅 黃龍三 起己酉 嘉禾六 起壬子 赤烏十三 起戊午 太元二 二年卽神鳳建興元年 起辛未 神鳳 壬申二月改	六	三十
候官侯 亮	建興二 壬申四月改 五鳳二 起甲戌	三	六

帝別	建元別及年數	改元次數	在位年數
	太平二 丙子十月改		
景帝 休	永安六 戊寅十月改	一	六
歸命侯 皓	元興一 甲申七月改 甘露一 乙酉 寶鼎三 起丙戌 建衡三 起己丑 鳳凰三 起壬辰 天册一 乙未 天璽一 丙申 天紀四 起丁酉	八	十七

西晉

司馬炎，於魏咸熙二年十二月簒位，改元泰始，至太康元年平吳，天下混一，都洛陽，傳子惠帝，八王相攻，五胡並起，懷愍二帝，遂爲匈奴之漢所害，計四主，共五十二年而滅於匈奴。

帝別	建元別及年數	改元次數	在位年數
武帝 司馬炎	泰始十一作太始 起乙酉 咸寧五 起乙未 太康十 起庚子 太熙 庚戌改	四	二十五
惠帝 衷	永熙一 庚戌四月改 永平 辛亥改	十一	十七

	元康九	辛亥三月改		
	永康一	庚申		
	永寧一	辛酉		
	太安二（一作泰安）	起壬戌		
	永安	甲子正月改		
	建武	甲子七月改		
	永安	十一月復稱		
	永興二	甲子十二月改		
	光熙一	丙寅		
懷帝（熾）	永嘉六	起丁卯	一	六
愍帝（鄴）	建興四	起癸酉	一	四

【附註】按懷帝於永嘉五年洛陽陷後，爲劉曜執送平陽。六年，愍帝尚未立；是年天下無主，綱目仍書永嘉六年，以免正統中斷。茲從綱目書永嘉六年，示不予羣胡之意云。

東晉

司馬睿，本琅邪王，鎮守江左。西晉亡後，因劉琨等勸進，隨於丁丑三月即晉王位於建康，改元建武。太興元年三月，即皇帝位。傳至安帝元興二年，桓玄簒位，廢帝。甲辰，劉裕討平桓玄，迎帝復位，裕執朝政。義熙戊午，裕弑帝，立恭帝。共十一主，一百零三

帝別	建元別及年數	改元次數	在位年數
元帝（司馬睿）	建武一　丁丑 太興四　一作大興　起戊寅 永昌一　壬午	三	六
明帝（紹）	太寧三　起癸未	一	三
成帝（衍）	咸和九　起丙戌 咸康八　起乙未	二	十七
康帝（岳）	建元二　起癸卯	一	二
穆帝（聃）	永和十二　起乙巳 升平五　起丁巳	二	十七
哀帝（丕）	隆和一　壬戌 興寧三　起癸亥	二	四

帝別	建元別及年數	改元次數	在位年數
海西公（奕）	太和五　起丙寅	一	五
簡文帝（昱）	咸安二　起辛未	一	二
孝武帝（昌明）	寧康三　起癸酉 太元二十一　起丙子	二	二十四
安帝（德宗）	隆安五　起丁酉 元興元　壬寅改 隆安　壬寅三月復稱六年 大亨　壬寅又改 元興二至三　癸卯復稱二年 義熙十四　起乙巳	六	二十二
恭帝（德文）	元熙一　己未	一	一

年而篡於劉宋。合兩晉共一百五十五年。

【附註】　按元興元年壬寅三月，仍改稱隆安六年，旋又改元大亨，次年仍稱元興二年，乙巳改元義熙，是大亨年號未行。而爨寶子碑稱大亨四年乙巳，蓋路遠莫審耳。

兩晉間諸僭國考

起晉惠帝太安二年，終宋文帝元嘉十六年，凡一百三十七年，始併爲南北朝。

晉自賈氏煽亂，八王搆兵，（八王：汝南王亮，楚王瑋，趙王倫，齊王冏，長沙王乂，成都王穎，河間王顒，東海王越也。）羣胡乘之而起。於斯時也：劉淵、匈奴也，而據離石稱漢，傳至孫粲，爲靳準所弒。淵族子曜，據長安，改漢曰趙，是爲前趙，傳至子熙，爲石虎所滅。石勒、羯也，據襄國稱後趙，傳至從孫祇，爲其將劉顯所弒。冉閔、石虎義子，於晉永和六年，弒主石鑒而自立，改後趙曰魏；八年兵敗，爲慕容恪所殺。李雄、氐也，據蜀稱成，傳至子期，爲其臣李壽所弒。李壽、雄族，篡成後，改國號曰漢，一稱後蜀，傳至子勢，爲桓溫所滅。慕容廆、鮮卑也，據遼東自號大單于，後徙都鄴，稱燕，是爲前燕，傳四主，爲前秦所滅。慕容垂，據中山爲後燕，傳五主，爲馮跋所滅。慕容永，據長子爲西燕，改元中興，在位九年，爲後燕所滅。慕容德，據滑臺爲南燕，傳二主，爲東晉所滅。馮跋據和龍，亦曰龍城，爲北燕，傳二主，爲北魏所滅。苻健、氐也，據長安稱秦，從子苻堅弒主生而自立，太元八年，敗於東晉，旋爲姚萇所弒。太子丕，稱帝於晉陽，爲西燕所破，子登嗣立，爲後秦所滅。姚萇、羌也，據長安，亦稱秦，史謂之後秦，傳三主，爲劉裕所滅。乞伏國仁、鮮卑也，據苑川，亦稱秦，史謂之西秦，傳四主，爲赫連夏所滅。張軌據河西，稱涼，是爲前涼，傳八主，爲苻秦所滅。呂光，氐也，據姑臧，亦稱涼，史謂之後涼，傳三主，降於後秦。禿髮烏孤、鮮卑也，據廉川，爲南涼，傳三主，爲西秦所滅。李暠據敦煌，爲西涼，傳三主，爲北涼所滅。沮渠蒙遜、匈奴也，據張掖，爲北涼，傳二主，爲北魏所滅。赫連勃勃、匈奴也，據統萬，稱夏，傳二主，爲吐谷渾所滅。譙縱亦據蜀，稱成都王，爲劉裕所遣將朱齡石所滅。楊茂搜、天水氐也，據仇池，亦稱秦，楊氏世據此地，屢失屢得，至紹先嗣立，始爲北魏所滅。

按史所謂十六國者，據晉著作郎王隱云：五涼、四燕、三秦、二趙、一蜀、一夏也。附劉淵於前趙，附冉閔於後趙，附西燕於後燕，附李壽於成，附譙縱於李蜀，故不曰二十一國，而曰十六國。又仇池楊氏，嘗臣附於南北間，故不予國，此外代什翼犍亦不在十六國內。如以實計，除桓玄篡立旋滅不計外，實共有二十三國。所稱十六國，大都以意爲進退，殊不足據也。此與五代間之十國同一約略之談，以實核之，彼亦不祇十國也。

兩晉間諸僭國以有年號者爲限，凡二十一國。

漢 劉淵，都離石，始稱大單于，繼稱漢王，還左國城越四年，徙蒲子稱帝，復徙都平陽，傳三主，起晉惠帝永興元年甲子，終東晉元帝太興元年戊寅。

主別	建元別及年數	改元次數	在位年數
漢 劉淵 主	元熙四 起甲子 永鳳一 戊辰 河瑞一 己巳	三	六
漢 聰 主	光興一 庚午 嘉平四 起辛未	四	九
	建元一 乙亥 麟嘉三 起丙子		
漢 粲 主	漢昌 戊寅	一	

前趙 劉曜，淵族子，於東晉元帝太興元年，自立於赤壁，二年改號趙，徙都長安，成帝咸和三年，自將擊石勒，大敗見殺。四年，子熙復爲石虎所殺。

主稱	建元別及年數	改元次數	在位年數
趙主 劉曜	光初十一 起戊寅 佐初別見	二	十一

後趙

石勒，上黨郡羯，都襄國，稱趙王，旋稱天王及帝，從子虎弒主弘，遷鄴，傳子世，爲兄遵所簒，石鑒弒遵自立，旋爲石閔所弒，滅石氏。石祇復稱帝於襄國，爲其將劉顯所弒。起東晉元帝太興二年己卯，終穆帝永和七年辛亥。○按尙有顯原一號，不知何時。

主別	建元別及年數	改元次數	在位年數
後趙主 石勒	元至九 起己卯 太和二 起戊子 建平四 起庚寅	二	十五

主別	建元別及年數	改元次數	在位年數
後趙主 弘	延熙一 甲午	一	一
後趙主 虎	建武十四 起乙未 太寧一 己酉	二	十五

主稱	建元別及年數	改元次數	在位年數
後趙主 鑒	青龍 庚戌僅二月為冉閔所弑	一	
後趙主 祗	永寧二 起庚戌	一	二

冉魏

冉閔弑主石鑒而自立，僭稱帝，國號魏，都鄴，為慕容恪所滅。起東晉穆帝永和六年，終永和八年。

主稱	建元別及年數	改元次數	在位年數
魏主 冉閔	永興三 起庚戌	一	三

成

李特，於晉惠帝永寧元年據廣漢，進攻成都，據之。太安二年春，為羅尚所破斬。其子雄復陷成都，自稱成都王，改元建興，光熙元年稱帝，國號成，改元晏平，傳至子期為李壽所弑。

主別	建元別及年數	改元次數	在位年數
主別	建元別及年數	改元次數	在位年數

成主（李特）	建初一 癸亥春	一	一
成主（雄）	建興二 起甲子 晏平五 起丙寅	三	三十一
	玉衡二十四 起辛未		
成主（期）	玉恒三 起乙未	一	三

漢

李壽，於東晉成帝咸康四年弒成主期而自立，改國號曰漢，亦稱後蜀，都成都，傳二主，至穆帝永和三年，爲桓溫所滅。

主別	建元別及年數	改元次數	在位年數
漢主（李壽）	漢興六 起戊戌	一	六
漢主（勢）	太和二 起甲辰 嘉寧二 起丙午	二	四

前涼

張軌，於晉惠帝永寧元年爲涼州刺史，愍帝建興二年授涼州牧，是年卒，共歷十四年。子寔代，傳八主，爲前秦所滅，都姑臧，今甘肅武威縣。起晉惠帝永寧元年辛酉，終東晉孝武帝太元元年丙子。

主別	建元別及年數	改元次數	在位年數
涼主 張寔	元至三 起甲戌 建興五至七 起丁丑奉晉年號	一	六
涼主 茂	永元四 起庚辰	一	四
涼主 駿	太元二十二 起甲申	一	二十二
涼主 重華	永樂八 起丙午	一	八

主別	建元別及年數	改元次數	在位年數
涼主 祚	和平二 起甲寅二年即太始建興元年	一	一
涼主 玄靚	太始 乙卯閏九月改 建興四十三至四十九 乙卯復稱 升平五至六 起辛酉奉晉穆帝年號凡二年	三	九
涼主 天錫	太清十四 起癸亥十四年降前秦	一	十四

後涼

呂光，氐也，都姑臧，今甘肅武威縣。傳三主，降於後秦。起東晉孝武帝太元十一年，終安帝元興二年。

主別	建元別及年數	改元次數	在位年數

主別	建元別及年數	改元次數	在位年數

後涼主 呂光	大安三 起丙戌 麟嘉七 起己丑 龍飛三 起丙申 承康 見述異記不知何時	四	十三
後涼主 纂	咸寧二 起己亥	一	二
後涼主 隆	神鼎三 起辛丑	一	三

南涼 禿髮烏孤，於東晉安帝隆安元年據廉川，徙樂都，今青海西寧縣，後徙西平郡湟水上，最後復徙樂都，傳三主，為西秦所滅。起東晉安帝隆安元年，終義熙十年。

主別	建元別及年數	改元次數	在位年數
南涼主 禿髮烏孤	太初三 起丁酉	一	三
南涼主 利鹿孤	建和二 起庚子	一	二
南涼主 傉檀	弘昌二 起壬寅 三至六年去年號者四年 起甲辰 嘉平七 起戊申	二	十三

北涼 段業與沮渠蒙遜，先後都張掖，今甘肅張掖縣，均稱北涼，段業稱建康公，在

位四年，爲沮渠蒙遜所弒。起東晉安帝隆安元年，終隆安四年。

沮渠蒙遜弒業自立，傳子牧犍，爲北魏所滅。起東晉安帝隆安五年，終宋文帝元嘉十六年。

主別	建元別及年數	改元次數	在位年數
北涼主 段業	神璽二 起丁酉 天璽二 起己亥	二	四
北涼主 沮渠蒙遜	永安十一 起辛丑 玄始十五 起壬子	四	三十一

主別	建元別及年數	改元次數	在位年數
	承玄三 起戊辰		
	義和二 起辛未		
北涼主 牧犍	永和七 一作承和 起癸酉	一	七

西涼

李暠爲段氏敦煌太守，自稱涼公，都敦煌，今甘肅敦煌縣，傳三主，爲北涼沮渠蒙遜所滅，屠敦煌。起東晉安帝隆安四年，終宋武帝永初二年。

主別	建元別及年數	改元次數	在位年數

主別	建元別及年數	改元次數	在位年數

主別	建元別及年數	改元次數	在位年數
西涼主 李暠	庚子五（一說自庚至甲各一建元）起庚子 建初十二 起乙巳	二	十七
西涼主 歆	嘉興三 起丁巳	一	三
西涼主 恂	永建二 起庚申	一	二

前燕 自高祖慕容廆據遼東，自號大單于，至太祖皝十一年，均用晉年號。十二年以後，皝始稱王，改元燕元。初都遼西龍城，後徙薊，徙鄴，傳四主，爲苻秦所滅。起晉懷帝永嘉元年，終東晉海西公奕太和五年。

主別	建元別及年數	改元次數	在位年數
燕主 慕容皝	元至十一年（用晉年號）起甲午 燕元四 起乙巳	一	十五
燕主 儁	燕元三 起己酉 元璽五 起壬子	三	十一
	光壽三 起丁巳		
燕主 暐	建熙十一 起庚申	一	十一

後燕 慕容垂，都中山，今河北定縣；慕容盛居龍城，傳八主，爲北燕所滅。起東晉孝

武帝太元九年，終安帝義熙五年。

主別	建元別及年數	改元次數	在位年數
後燕主 慕容垂	燕元二 起甲申 建興十 起丙戌	二	十二
後燕主 寶（垂子）	永康二 起丙申	一	二
後燕主 詳（皝曾孫）	建始 丁酉夏	一	
後燕主 麟（垂子）	建平 丁酉秋	一	

主別	建元別及年數	改元次數	在位年數
後燕主 蘭汗（寶臣）	青龍 戊戌	一	
後燕主 盛（寶子）	建平一 戊戌 長樂二 起己亥	二	三
後燕主 熙（寶少子）	光始六 起辛丑 建始 丁未	二	六
後燕主 高雲（寶養子）	正始二 起丁未	一	二

西燕

慕容泓，於東晉孝武帝太元九年，起兵華陰，進逼長安，改元燕興，旋爲其下所殺。慕容沖嗣立，於太元十年稱帝，襲據長安，改元更始，太元十一年被弑。西燕去長安，東至河東。慕容永據長子稱帝，改元中興。慕容永之前，尚有段隨慕容顗慕容瑤慕容忠四主，與慕容永同歲建元。蓋沖被弒後，迭相篡弒，直至忠被弒，永始稱帝於長子焉。○起東晉孝武帝太元九年，終太元十九年，共七主十一年，滅於後燕。

主別	建元別及年數	改元次數	在位年數
西燕主 慕容泓（暐弟）	燕興一 甲申	一	一
西燕主 沖（泓弟）	更始一 乙酉	一	一
西燕主 段隨（沖將）	昌平 丙戌	一	
西燕主 顗（暐弟）	建明 丙戌	一	
西燕主 瑤（沖子）	建平 丙戌	一	
西燕主 忠（泓子）	建武 丙戌	一	
西燕主 永（廆弟之孫）	中興九 起丙戌	一	九

南燕

慕容德初爲范陽王，因燕都之亂，用兄垂故事，稱燕王，是爲南燕。都廣固，今山東益都縣，傳二主，滅於東晉。起東晉安帝隆安二年，終義熙六年。

主別	建元別及年數	改元次數	在位年數
南燕主 慕容德（皝子）	燕平二 起戊戌 建平五 起庚子	二	七
南燕主 超（德弟）	太上六 起乙巳	一	六

北燕

馮跋，都和龍，今土默特旗界；傳二主，滅於北魏。起東晉安帝義熙五年，終宋文帝元嘉十三年。

主別	建元別及年數	改元次數	在位年數
北燕主 馮跋	太平二十二 起己酉	一	二十二
北燕主 弘	太興六 起辛未	一	六

前秦

苻健及生、堅，都長安，丕徙晉陽，登徙南安郡獂道，崇居湟中，傳六主，爲姚秦所滅。起東晉穆帝永和七年，終孝武帝太元十九年。

主別	建元別及年數	改元次數	在位年數
主別	建元別及年數	改元次數	在位年數

秦主 苻健	皇始四 起辛亥	一	四
秦主 生	壽光三 起乙卯三年卽永興元年	一	二
秦主 堅	永興二 起丁巳 甘露六 起己未 建元二十一 起乙丑二十一年卽太安元年	三	二十八
秦主 丕	太安二 起乙酉二年卽太初元年	一	一
秦主 登	太初八 起丙戌	一	八
秦主 崇	延初一 甲午	一	一

後秦

姚萇，都長安，傳三主，爲劉裕所滅。起東晉孝武帝太元九年，終安帝義熙十三年。

主別	建元別及年數	改元次數	在位年數
後秦主 姚萇	白雀二 起甲申 建初八 起丙戌	二	十
後秦主 興	皇初五 一說皇初後尚有皇始一號 起甲午 弘始十七 一作洪始 起己亥	二	二十二
後秦主 泓	永和二 起丙辰	一	二

西秦

乞伏國仁，居甘肅隴西縣；乾歸徙金城，復徙苑川，皆在今甘肅皋蘭縣；熾磐徙枹罕，今甘肅臨夏縣。傳四主，爲赫連夏所滅。起東晉孝武帝太元十年，終宋文帝元嘉八年。

主別	建元別及年數	改元次數	在位年數
西秦主 乞伏國仁	建義三 起乙酉	一	三
西秦主 乾歸	太初十三（十三年以後失國八年） 起戊子 更始三 起己酉	二	十六
西秦主 熾磐	永康八 起壬子 建弘八 起庚申	二	十六
西秦主 暮末	永弘四 起戊辰	一	四

夏

赫連勃勃，都統萬城，在今陝西橫山縣西。傳三主，爲吐谷渾所滅，起東晉安帝義熙三年，終宋文帝元嘉八年。

主別	建元別及年數	改元次數	在位年數
主別	建元別及年數	改元次數	在位年數

夏主 赫連勃勃	龍升六一作龍昇 起丁未 鳳翔五 起癸丑 昌武一 戊午 眞興六 起己未	四	十八
夏主 昌	承光三一作永光 起乙丑	一	三
夏主 定	勝光四 起戊辰	一	四

代

自拓跋祿官九年稱帝，時晉惠帝太安二年也，稱帝後五年而卒，是爲昭帝。中歷穆帝平文帝惠帝煬帝烈帝凡六主，均無年號。烈帝子什翼犍立，始改元建國，在位三十九年，爲其子實君所弒，國亂，地入秦。傳七主，起晉惠帝太安二年，終東晉孝武帝太元元年。

按代亡後，實君子珪奔賀訥。秦王車裂實君，將殺珪，賴燕鳳固請，得留，分代國爲二部，使劉衛辰劉庫仁分統之，珪歸獨孤部，依劉庫仁，於東晉孝武帝太元十一年興復代室，是爲北魏太祖道武帝。

主別	建元別及年數	改元次數	在位年數
代主 什翼犍	建國三十九 起戊戌東晉成帝咸康四年也	一	三十九

十六國興亡表

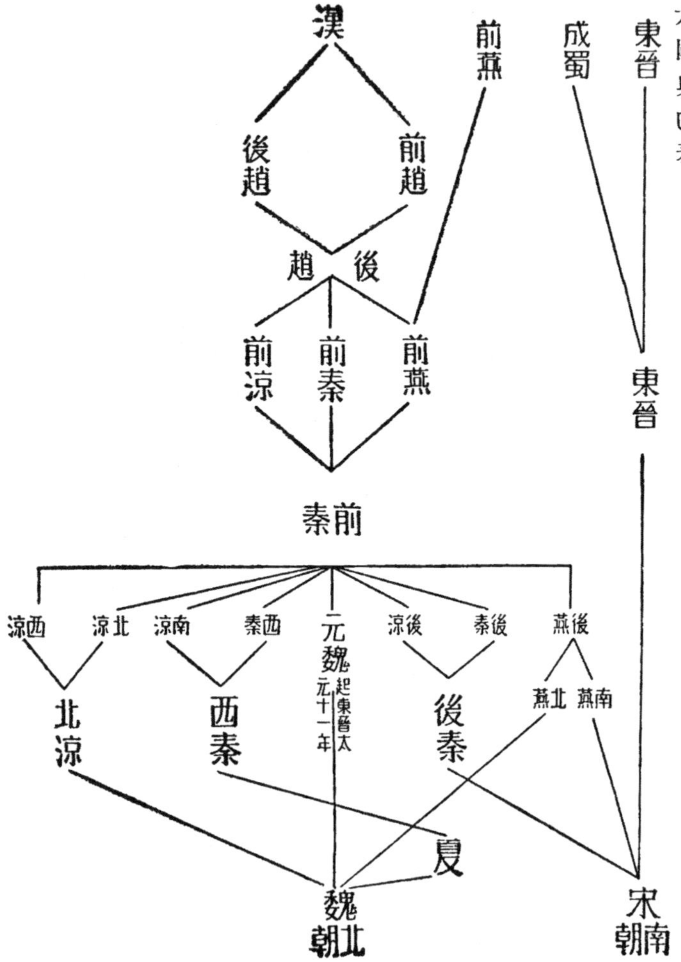
東晉
成蜀
前燕
漢
後趙
前趙
後趙
前涼
前秦
前燕
東晉
前秦
西涼
北涼
南涼
西秦
魏元
起東晉太元十一年
後涼
後秦
後燕
北燕
南燕
北涼
西秦
後秦
夏
魏
北朝
宋
南朝

南朝

宋

劉裕，於東晉恭帝元熙二年受晉禪，廢恭帝爲零陵王，都建康，傳八主，共五十九年而篡於齊。

帝別	建元別及年數	改元次數	在位年數
武帝（劉裕）	永初三　庚申六月改	一	三
營陽王（義符）	景平二　起癸亥二年夏卽元嘉元年	一	一
文帝（義隆）	元嘉三十　甲子八月改	一	三十
孝武帝（駿）	孝建三　起甲午 大明八　起丁酉	二	十一
廢帝（子業）	永光　乙巳正月改 景和十二月明帝卽位改泰始　乙巳八月改	二	
明帝（彧）	泰始七　乙巳十二月改 泰豫一　壬子	二	八
蒼梧王（昱）	元徽四　起癸丑	一	四
順帝（準）	昇明三　丁巳十月改三年卽齊高帝建元元年	一	二

齊

蕭道成受宋禪，都建康，傳七主，共二十三年而篡於梁。

帝別	建元別及年數	改元次數	在位年數
高帝 蕭道成	建元四 己未四月改	一	四
武帝 賾	永明十一 起癸亥	一	十一
鬱林王 昭業	隆昌 甲戌正月改	一	
海陵王 昭文	延興 甲戌七月改十月明帝纂位改建武	一	

帝別	建元別及年數	改元次數	在位年數
明帝 鸞	建武四 甲戌十月改 永泰一 戊寅四月改	二	五
東昏侯 寶卷	永元三 起己卯三年即中興元年	一	二
和帝 寶融	中興二 辛巳三月改二年即梁天監元年	一	一

梁

蕭衍，齊同族；於中興二年篡齊，都建康，傳六主，五十五年，而篡於陳。

帝別	建元別及年數	改元次數	在位年數
武帝 蕭衍	天監十八 壬午四月改 普通七 起庚子	七	四十八

帝別	建元別及年數	改元次數	在位年數
	大通二 丁未三月改 中大通六 己酉十月改		

	大同十一	起乙卯		
	中大同一	丙寅四月改		
	太淸三	丁卯四月改		
簡文帝 綱	大寶二	起庚午二年八月改天正	一	二
豫章王 棟	天正	辛未八月改十一月侯景篡位僞改元太始	一	因爲侯景所立故是年七月以後仍屬之簡文帝
元帝 繹	承聖三	壬申十二月改	一	三
貞陽侯 淵明	天成	乙亥五月改遜位於敬帝	一	
敬帝 方智	紹泰一 太平二	乙亥十月改 二年卽陳永定元年丙子九月改	二	二
附 永嘉王 莊	天啓三	戊寅三月改庚辰二月奔北齊	一	三

【附註】敬帝太平二年，梁亡後，王琳自北齊迎莊立於郢州，改元天啓，時陳武帝永定元年也。莊在位三年，庚辰伐陳，兵敗奔北齊，是時陳已代梁，故不列入正統數內。

陳

陳霸先，於梁太平二年篡梁，傳五主，共三十二年，而滅於隋，仍都建康。合東吳東晉宋齊梁陳，是爲六朝。

帝別	建元別及年數	改元次數	在位年數
武帝 陳霸先	永定三 丁丑十月改	一	三
文帝 蒨	天嘉六 起庚辰 天康一 丙戌二月改	二	七
臨海王 伯宗	光大二 起丁亥	一	二
宣帝 頊	太建十四 起己丑一作大建	一	十四
後主 叔寶	至德四 起癸卯 禎明三 三年卽隋開皇元年 起丁未	二	六

附**後梁** 蕭詧，都江陵，卽今湖北省江陵縣傳三主共三十三年而滅於隋。起梁敬帝紹泰元年，終陳後主禎明元年。

主別	建元別及年數	改元次數	在位年數
宣帝 蕭詧	大定七 起乙亥	一	七
明帝 巋	天保二十四 起壬午	一	二十四
莒公 琮	廣運二 起丙午	一	二

北朝

北魏

拓跋珪，什翼犍之孫，於東晉孝武帝太元十一年，興復代室，改代曰魏，其先鮮卑索頭部也。初都盛樂，繼徙平城，至孝文帝，又徙都雒陽，傳十五主，一百四十九年，而分爲東西魏，起東晉孝武帝太元十一年，終梁武帝中大通六年。

帝別	建元別及年數	改元次數	在位年數
道武帝 拓跋珪	登國十 起丙戌	四	二十三
	皇始二 丙申七月改		
	天興六 戊戌十二月改		
	天賜五 甲辰十月改		
明元帝 嗣	永興五 己酉閏十月改	三	十五
	神瑞二 起甲寅		
	泰常八 丙辰四月改		

帝別	建元別及年數	改元次數	在位年數
太武帝 燾	始光四 起甲子	六	二十八
	神䴥四 起戊辰		
	延和三 起壬申		
	太延五 起乙亥		
	太平眞君十一 起庚辰		
	正平一 辛卯		
南安王 余	承平 壬辰二月改	一	

文成帝 濬	興安二 壬辰十月改 興光一 甲午七月改 太安五 乙未六月改 和平六 起庚子	四	十四
獻文帝 弘	天安一 丙午 皇興四 起丁未	二	五
孝文帝 宏	延興五 辛亥八月改 承明一 丙辰六月改 太和二十三 起丁巳	三	二十九
宣武帝 恪	景明四 起庚辰 正始四 起甲申 永平四 戊子八月改 延昌四 壬辰四月改	四	十六
孝明帝 詡	熙平二 起丙申 神龜二 戊戌二月改 正光五 庚子七月改	四	十二

	孝昌三 乙巳六月改		
臨洮王 釗	武泰 戊申二月改	一	
孝莊帝 子攸	建義 戊申三月改 永安二 戊申九月改 更興（類聚有此號）	三	二
東海王 曄	建明一 庚戌十月改	一	一
節閔帝 恭	普泰 辛亥二月改	一	
安定王 朗	中興一 辛亥十月改	一	一
孝武帝 修	太昌 壬子四月改 永興 壬子十二月改 永熙三 壬子十二月又改	三	三

西魏

元修於梁武帝中大通四年立；六年，高歡舉兵反，修奔長安，依宇文泰，是爲西魏，傳三主，共二十二年而篡於北周。歡入洛，立清河世子善見，是爲東魏。

按西魏文帝後尚有廢帝欽二年，恭帝廓三年，因未建元，故不列入表內。

帝號	建元別及年數	改元次數	在位年數
文帝 寶炬	大統十七 起乙卯	一	十七

東魏

元善見，清河世子，爲高歡所立，都鄴，起梁武帝中大通六年，終清泰三年，凡十七年而篡於北齊。

帝號	建元別及年數	改元次數	在位年數
孝靜帝 善見	天平四 起甲寅 元象一 戊午 興和四 己未十月改 武定八 起癸亥 八年即齊天保元年	四	十七

北齊 高洋篡東魏，都鄴，傳七主，共二十八年而滅於北周，起梁簡文帝大寶元年，終陳宣帝太建九年。

帝別	建元別及年數	改元次數	在位年數
文宣帝 高洋	天保十 庚午五月改	一	十
廢帝 殷	乾明即皇建元年 庚辰改	一	
孝昭帝 演	皇建一 庚辰八月改	一	一
武成帝 湛	太寧一 辛巳十一月改 河清三 壬午四月改	二	四
溫公 緯	天統五 乙酉四月改 武平六 起庚寅 隆化一 丙申十二月改	三	十二
安德王 延宗	德昌 丙申十二月改	一	
幼主 恆	承光一 丁酉正月改	一	一

北周 宇文覺，於梁敬帝太平二年篡西魏，都長安，傳五主，共二十五年而篡於隋。

孝愍帝宇文覺立一年，爲宇文護所弒，無年號，故不列入表內。

帝別	建元別及年數	改元次數	在位年數
明帝　宇文毓	元至二　起丁丑 武成二　己卯八月改	一	四
武帝　邕	保定五　起辛巳 天和六　起丙戌 建德七（建德七即宣政元）　壬辰三月改 宣政一（一本係之宣帝）　戊戌三月改	四	十八

帝別	建元別及年數	改元次數	在位年數
宣帝　贇	大成　己亥正月改（二月傳位靜帝改大象）	一	
靜帝　闡	大象二　己亥二月改 大定一（即隋開皇元年）　辛丑	二	二

第二編 起隋終五代

隋

楊堅，於陳宣帝太建十三年篡北周，開皇九年滅陳，天下混一，都大興城，傳四主，共二十九年，而滅於唐。

帝別	建元別及年數	改元次數	在位年數	帝別	建元別及年數	改元次數	在位年數
文帝 楊堅	開皇二十 辛丑二月改 仁壽四 起辛酉	二	二十四 在帝位十六年	代王 侑居西都	義寧二 丁丑十一月改元年即大業十三年二年即唐武德元年	一	
煬帝 廣	大業十四 起乙丑十四年即唐武德元年	一	十三	越王 侗居東都	皇泰二 戊寅五月改元年即唐武德元年	一	

【附註】按義寧元年，煬帝尚在。二年，唐已得隋正統。皇泰元年，唐已代隋，故義寧皇泰，僅列建元年數，而不算入正統數內。

隋末諸僭竊考

起隋大業十一年，終唐貞觀二年。

隋文帝篡周幷陳，天下爲一；煬帝繼之，恃其盛強，用民無度；禍始於高麗，亂成於玄感。（楊玄感起兵黎陽）於是羣雄競起，割土分疆：

稱吳者二：李子通於大業十一年起兵海陵，十四年據江都，稱皇帝，國號吳，改元明政。後敗沈法興於吳郡，徙都餘杭；北自太湖，南至嶺東，包會稽，西距宣城，皆有之。唐武德四年十一月，爲杜伏威所執，僭立凡四年。杜伏威於大業十三年據淮南江東地，武德二年降唐，受唐封爲吳王，無年號。

稱魏者一　李密於大業十三年據河南諸郡，稱魏國公，改元永平，築洛口城居之。唐武德元年降唐，旋叛誅，僭立凡二年。

稱夏者一　竇建德於大業十三年正月，據樂壽，自稱長樂王，建元丁丑，唐武德元年戊寅，改國號曰夏，改元五鳳。武德四年五月，領兵救鄭，爲唐所擒，前後僭立凡五年。

稱楚者二　林士宏，於大業十二年正月據鄱陽稱皇帝，國號楚，改元太平。北自九江，南至番禺，皆爲所有。唐武德五年十月卒，衆散，僭立凡七年。朱粲，於大業十四年陷荆沔及山南郡縣，稱楚帝於冠軍，是年十月，改元昌達。唐武德二年二月降唐，僭立凡二年。

稱梁者三　梁師都，於大業十三年據朔方稱帝，國號梁，改元永隆。唐貞觀二年正月亡，地入唐，僭立十二年。　蕭銑，於大業十三年自羅川入巴陵稱梁王，未幾稱帝，徙都江陵，是年十月改元鳴鳳。東自九江，西抵三峽，南盡交阯，北距漢川，皆爲所有。唐武德四年十月亡，僭立凡五年。　沈法興，於大業十四年起兵吳興，據江表十餘郡，稱梁王，都毗陵。是年八月，改元延康，唐武德三年十二月，爲李子通所襲，走死，僭立凡三年。

稱秦者一　薛舉，於大業十三年起兵金城，盡據隴西地，稱秦帝。是年四月，改元秦興，下天水，遂定都焉。僭立二年，大業十四年八月卒，子仁杲立，十一月戰敗，降唐。

稱定揚者一　劉武周，於大業十三年引突厥破隋兵，陷樓煩定襄雁門諸郡，稱定揚可汗，都馬邑，改元天興。唐武德三年四月，爲宋金剛所敗，走死，地入唐，僭立凡四年。

稱魯者一　徐圓朗，於大業十三年起兵魯郡，初據東平，受唐封爲魯國公。後叛，保任城，自稱魯王，無年號，唐武德六年亡。

稱永樂者一　李子和，於大業十三年據楡林，稱永樂王，改元正平，武德元年亡，僭立凡二年。

稱涼者一　李軌，於大業十四年起兵河西，稱大涼王，襲取張掖敦煌及西平枹罕諸郡，盡有河西地，未幾稱帝。是年十一月，改元安樂，唐武德二年五月，破於唐，僭立凡二年。

稱許者一　宇文化及，於大業十四年弑煬帝，據魏縣稱帝，國號許。是年九月，改元天壽，有濟北數城。唐武德二年二月，爲竇建德所誅，僭立凡六月。

稱鄭者一　王世充，於越王侗皇泰二年夏篡隋，稱皇帝，國號鄭，改元開明。北據河，東至徐兗，南有襄鄧，西保慈澗，置司鄭管原伊殷梁溱嵩谷懷德等十二州。僭立三年，唐武德四年五月，戰敗降唐。

稱漢東王者一　劉黑闥，於唐武德五年正月據洺州，稱漢東王，改元天造，僭立二年，武德六年正月，爲唐所斬。

稱燕者一　高開道，於唐武德五年據漁陽，稱燕王，改元始興，僭立三年，武德七年敗死，地入唐。

稱宋者一　輔公祏，於唐武德六年八月，以丹陽叛。唐稱皇帝，國號宋，改元天明，又改乾德，分兵略東海壽陽諸郡，僭立二年。武德七年敗死，地入唐。

隋末諸僭竊建元表 以有年號者爲限凡十七國

國別	姓氏別	建元別及年數	改元次數	僭立年數
吳	李子通	明政四 起乙亥	一	四
楚	林士宏	太平七 起丙子	一	七
楚	朱粲	昌達二 起戊寅	一	二 以改元計僅五月
魏	李密	永平二 起丁丑	一	二
夏	竇建德	丁丑一 丁丑 五鳳四 起戊寅	二	五
梁	梁師都	永隆十二 起丁丑	一	十二
梁	蕭銑	鳴鳳五 起丁丑	一	五
梁	沈法興	延康三 起戊寅	一	三
秦	薛舉	秦興二 起丁丑	一	二
定揚	劉武周	天興四 起丁丑	一	四
涼	李軌	安樂二 起戊寅	一	二
許	宇文化及	天壽二 起戊寅	一	二 實計六月

鄭	王世充	開明三　起己卯	一	三
漢東	劉黑闥	天造二　起壬午	一	二
永樂	李子和	正平二　起丁丑	一	二
燕	高開道	始興三　起壬午	一	三
宋	輔公祏	天明二　起癸未　乾德	二	二

唐

李淵，於隋煬帝大業十三年，起兵太原，取西河，繼取長安，立代王侑爲帝，改元義寧。十四年自稱皇帝，國號唐，改元武德，廢帝爲酅國公。武德七年，天下混一，傳二十一主一后，凡二百八十九年，爲朱全忠所篡。

帝別	建元別及年數	改元次數	在位年數
高祖 李淵	武德九　戊寅五月改	一	九
太宗 世民	貞觀二十三　起丁亥	一	二十三

帝號	年號	起改	年號數	年數
高宗 治	永徽六	起庚戌	十四	三十四
	顯慶五	起丙辰		
	龍朔三	辛酉二月晦改		
	麟德二	起甲子		
	乾封二	起丙寅		
	總章二	戊辰三月改		
	咸亨四	庚午三月改		
	上元二	甲戌八月改		
	儀鳳三	丙子十一月改		
	調露一	己卯六月改		
	永隆一	庚辰八月改		
	開耀一	辛巳十月改		
	永淳一	壬午二月改		
	弘道一	癸未十二月改		
中宗 顯	嗣聖	甲申正月改	一	

帝號	年號	起改	年號數	年數
睿宗 旦	文明	甲申二月改	一	
則天后 武氏	光宅一	甲申九月改	十八	二十一
	垂拱四	起乙酉		
	永昌	己丑		
	載初一	己丑十一月改用周正建子		
	天授二	庚寅九月改		
	如意	壬辰四月改		
	長壽二	壬辰九月改		
	延載一	甲午五月改		
	證聖	乙未		
	天册萬歲一	乙未九月改		
	萬歲登封	丙申九月改		
	萬歲通天一	丙申臘月改		
	神功一	丁酉九月改		
	聖曆二	起戊戌		
	久視一 十月復用夏正	庚子五月改		

		大足	辛丑		
		長安四	辛丑十月改		
		神龍	乙巳		
中宗	顯	神龍二	起乙巳	二	五
		景龍三	丁未八月改		
殤帝	重茂	唐隆	庚戌六月改旋遜位於睿宗	一	
睿宗	旦	景雲二	庚戌七月改	三	二
		太極	壬子正月改		
		延和是年八月傳位玄宗	壬子五月改		
玄宗	隆基	先天一	壬子八月改	三	四十四
		開元二十九	癸丑十一月改		
		天寶十四	起壬午		
肅宗	亨	至德二	丙申七月改	四	七
		乾元二	戊戌二月改		
		上元二	庚子閏四月改		
		寶應一	壬寅四月改		

代宗	豫	廣德二	起癸卯	三	十七
		永泰一	乙巳		
		大曆十四	丙午十一月改		
德宗	适	建中四	起庚申	三	二十五
		興元一	甲子		
		貞元二十	起乙丑		
順宗	誦	永貞一	乙酉八月改	一	一
憲宗	純	元和十五	起丙戌	一	十五
穆宗	恒	長慶四	起辛丑	一	四
敬宗	湛	寶曆二	起乙巳	一	二
文宗	昂	大和九	丁未二月改	二	十四
		開成五	起丙辰		

帝別	建元別及年數		改元次數	在位年數
武宗 炎	會昌六	起辛酉	一	六
宣宗 忱	大中十三	起丁卯	一	十三
懿宗 漼	咸通十四	庚辰十一月改	一	十四
僖宗 儇	乾符六	甲午十一月改	五	十五
	廣明一	庚子		
	中和四	辛丑七月改		
	光啓三	乙巳三月改		
	文德一	戊申二月改		
昭宗 曄	龍紀一	己酉	七	十六
	大順二	起庚戌		
	景福二	起壬子		
	乾寧四	起甲寅		
	光化三	戊午八月改		
	天復三	辛酉四月改		
	天祐元	甲子四月改		
昭宣帝 柷	天祐二至四	乙丑仍稱天祐二年四年即梁開平元	一	二

五代

梁

朱溫，於唐天祐四年簒唐，改名晃，初都開封，繼遷洛陽，傳二主，共十六年，而滅於後唐。

帝別	建元別及年數	改元次數	在位年數

帝別	建元別及年數	改元次數	在位年數
太祖 朱晃	開平四 丁卯四月改 乾化二 辛未五月改	二	六
庶人友珪	鳳曆 癸酉改旋爲末帝友貞所誅	一	
末帝 瑱	乾化三至四 癸酉二月復稱 貞明六 乙亥十一月改 龍德三 三年即唐同光元年辛巳五月改	三	十

唐

太祖李克用，受唐封爲晉王，在位二年，用昭宗天祐年號。至子存勗，於梁龍德三年十月滅梁，都洛陽，改國號曰唐。初用天祐年號，滅梁之年始改元同光，共三姓、四主、十三年，而滅於晉。

帝別	建元別及年數	改元次數	在位年數
莊宗 李存勗	天祐六至十九 起己巳仍用唐年號 同光三 癸未四月改	二	十七 在帝位三年
明宗 亶原名嗣源	天成四 丙戌四月改 長興四 庚寅二月改	二	八
閔帝 從厚	應順 甲午	一	
潞王 從珂	淸泰三 甲午四月改三年即晉天福元	一	二

晉

石敬瑭，於唐淸泰三年，以契丹兵滅唐，國號晉，改元天福，都汴州，共二主十一年而滅於契丹。

帝別	建元別及年數	改元次數	在位年數
高祖 石敬瑭	天福七　丙申十一月改	一	七
齊王 重貴	天福第八仍稱天福八年　癸卯 開運三　甲辰七月改	二	四

漢

劉智遠因晉亂，於天福十二年即帝位於晉陽，後都汴，傳二主，共四年而篡於周。○按天福並無十二年，係除去開運計算。

帝別	建元別及年數	改元次數	在位年數
高祖 劉暠原名智遠	天福第十二仍稱天福十二年　丁未二月 乾祐是年二月殂子承祐立　戊申正月改	二	一
隱帝 承祐	乾祐三　戊申二月仍用乾祐年號	一	三

周

郭威，於漢乾祐三年弑主自立，明年改元廣順，國號周，在位四年殂。養子柴榮嗣立，傳子恭帝宗訓而禪於宋，仍都汴，凡三主，二姓，共九年。恭帝無年號。

帝別	建元別及年數	改元次數	在位年數
太祖 郭威	廣順三 起辛亥 顯德 正月帝殂晉王榮即位 甲寅	二	三
世宗 柴榮	顯德六 甲寅正月即位 仍用顯德年號	一	六

五代間諸僭國考

起唐昭宗乾寧二年，終宋太平興國四年，凡十三國。

岐　李茂貞，於唐僖宗光啓三年爲鳳翔節度使，昭宗景福二年，兼山南西道節度使，有鳳翔興元洋隴等十五州之地，天復元年，進爵岐王。後唐同光二年，改封秦王，傳子繼曮，爲後唐所滅。奉中國正朔，未建元。

晉　李克用，李國昌子，於唐僖宗中和二年，爲雁門節度使。昭宗乾寧二年，封晉王，都晉陽，奉唐年號。後梁開平二年卒，子存勗立，於後梁龍德三年滅梁，國號唐，改元同光，已見後唐考中。

吳　楊行密於唐昭宗景福元年，爲淮南節度使，保有江淮一帶，有州二十七，居揚州。天復二年封吳王，天祐二年卒，子渥代，均奉唐年號，稱淮南。至孫隆演立，始稱吳，仍用唐天祐年號。後梁貞明五年，始改元武義，傳子溥，爲徐知誥所篡。

燕　劉仁恭，於唐昭宗乾寧二年爲盧龍節度使，有幽滄等十六州地。天祐四年，爲其子守光所囚，代爲節度使。後梁開平三年，封守光爲燕王。翌年稱皇帝，改元應天。乾化三年，爲晉所滅。

南漢　劉隱，於唐乾寧三年襲據廣州，弟巖繼之。於後梁貞明三年稱帝，國號漢，改元乾亨。有州四十七，傳四主，爲宋所滅。

閩　王潮，於唐昭宗乾寧三年爲威武節度使，翌年卒，弟審知代。後梁開平三年，受梁封爲閩王，都福州。傳至主曦，爲其臣朱文進所弒，滅王氏；曦弟建州刺史富沙王延政，於後晉天福八年稱帝，國號殷，旋改閩。開運二年爲南唐所滅，凡六主，三十有七年。審知延翰均無年號，餘詳分考中。

附留從效　閩將留從效，閩亡後於後晉開運三年，據有泉漳二州。

楚　馬殷，於後梁開平元年，受梁封爲楚王。後唐天成二年，改封楚國王，自湖南北有州十，傳五主，降於南唐，無年號。楚亡後，劉言王逵周行逢等，迭據朗州，掠取嶺北諸州，與南漢相持，爲宋所滅。

荆南　高季興，於後梁開平元年，爲荆南節度使，乾化三年，封渤海王，後唐同光二年，改封南平王。有荆歸峽三州，傳五主，至宋乾德元年亡，奉中國正朔，未建元。

前蜀　王建，於唐天復三年封蜀王，據有兩川。後梁開平元年稱皇帝，國號蜀，都成都有州六十四。傳二主，爲後唐所滅。

吳越　錢鏐，於唐昭宗景福二年，爲鎮海節度使，後梁開平元年，受梁封爲吳越王。龍德三年，改封吳越國王，都杭州。自浙東西有州十三，傳五主，至宏俶，於宋太平興國三年入朝，獻土而亡。

後蜀　孟知祥，於後唐同光三年帥蜀，長興四年封蜀王，應順元年稱帝。自劍以南及山南西道，有州四十六。傳二主，宋乾德三年亡。

南唐　徐知誥，爲徐溫義子，於後晉天福二年，受吳禪稱皇帝，國號唐，都金陵。自江以南有州二十一，傳三主，宋開寶八年亡。

北漢　劉崇，知遠弟，於後周廣順元年郭威篡漢後，由河東節度使稱帝於晉陽。有州一二，傳四主，宋太平興國四年亡。

五代間諸僭國建元表 以有年號者爲限，凡九國

吳

楊行密據江淮一帶，受唐封爲吳王，子渥繼之，均稱淮南，奉唐年號。至惠宗隆演立，始稱吳，仍用唐天祐年號，至十五年止，後梁貞明五年，始改元武義，傳子溥，爲徐知誥所篡。起唐天復二年，終後晉天福二年。

主別	建元別及年數	改元次數	在位年數
吳主 楊隆演	天祐七至十五 起庚午 武義二(一作順義)起己卯	二	十一
吳主 溥	順義六 起辛巳 乾貞二 起丁亥 大和六 起己卯 天祚二 起乙未	四	十六

閩

王潮據福州，弟審知繼之，均無年號。子延翰立，稱大閩國王，旋爲王延稟所弒。惠宗延鈞立，始建年號。起後梁開平三年，終後晉開運二年，合延政計之，

共五主〇王潮與審知未立國號，故不列入國主數內，延翰未建元。

主別	建元別及年數	改元次數	在位年數
閩主 王延鈞	龍啓二 起癸巳 永和一 乙未	二	三
閩主 昶	通文三 起丙申	一	三

主別	建元別及年數	改元次數	在位年數
閩主 曦	永隆四 起己亥	一	四
閩主 延政	天德三 癸卯改	一	三

吳越

錢鏐於唐昭宗景福二年，爲鎮海節度使，後梁開平元年，受梁封，爲吳越王，都杭州，傳五主，七十三年而亡。起後梁開平元年，終宋太平興國三年。〇二主元瓘，三主弘佐，四主弘倧，五主弘俶，均奉中國年號，故不列入表內。〇錢鏐改元年限，係據十國春秋。

主稱	建元別及年數	改元次數	在位年數

主別	建元別及年數	改元次數	在位年數
吳越主 錢鏐	開平元 用梁年號 丁卯 天寶十六 起戊辰 寶大二 起甲申 寶正六 一作寶貞 起丙戌 長興第三 用後唐年號 壬辰 廣初 見玉海 正明	七	二十六

前蜀

王建於後梁開平元年稱帝於蜀，二年改元武成，都成都，傳子衍，於後唐同光三年降唐。

主別	建元別及年數	改元次數	在位年數
蜀主 王建	元年 丁卯 武成三 起戊辰 永平五 起辛未 通正一 丙子	五	十二

主別	建元別及年數	改元次數	在位年數
	天漢一 丁丑 光天一（一作光大）戊寅		
蜀主 衍	乾德六 起己卯 咸康一 乙酉	二	七

燕

劉守光，劉仁恭子，後梁開平三年，受梁封爲燕王。乾化元年八月稱帝，三年十一月被晉所執。

主稱	建元別及年數	改元次數	在位年數
燕主 劉守光	元至二 起己酉 應天三 起辛未	一	五 合未改元之年數計之

南漢

自劉隱據廣州，弟巖繼之，於後梁貞明三年稱帝，國號越，旋改漢，改元乾亨，後晉天福六年，改名龑傳四主，起後梁貞明三年，終宋開寶四年。

主別	建元別及年數	改元次數	在位年數
南漢主 劉龑	乾亨八 起丁丑 白龍三 起乙酉 大有十四 起戊子	三	二十五

主別	建元別及年數	改元次數	在位年數
南漢主 玢	光天一 壬寅	一	一
南漢主 晟	應乾 癸卯 乾和十五 癸卯又改	二	十五

主別	建元別及年數	改元次數	在位年數
南漢主 鋹	大寶十三 起戊午	一	十三

後蜀

孟知祥，於後唐應順元年稱帝改元，國號後蜀，傳二主，滅於宋。起後唐長興四年，終宋乾德三年。

主別	建元別及年數	改元次數	在位年數
後蜀主 孟知祥	元年 庚寅 明德一 甲午	一	二
後蜀主 昶	明德二至四 起乙未仍稱明德 廣政二十八 起戊戌	二	三十一

南唐

徐知誥，於後晉天福二年篡吳，國號唐，都金陵；四年復姓李氏，更名昪，傳三主，至宋開寶八年亡。後主煜十年，貶國號曰江南，又四年，降於宋，無年號，故不列入表內。

主別	建元別及年數	改元次數	在位年數

南唐主 李昪	昇元六　起丁酉	一	六
南唐主 璟	保大十五　起癸卯 中興　戊午正月改 交泰四　戊午三月改	三	十九

北漢

劉旻，原名崇，後漢河東節度使。漢亡後，於後周廣順元年卽帝位於晉陽，仍用後漢乾祐年號，有幷汾等十二州之地。傳四主，爲宋所滅。起後周廣順元年，終宋太平興國四年。繼恩在位不久被弑，無年號，故不列入表內。

主別	建元別及年數	改元次數	在位年數
北漢主 劉旻	乾祐四至七　起辛亥仍用隱帝年號	一	四
北漢主 鈞	乾祐八至九　起乙卯仍稱乾祐 天會十二　起丁巳	二	十四

主別	建元別及年數	改元次數	在位年數
北漢主 繼元	天會十三至十七　起己巳仍稱天會 廣運六　起甲戌	二	十一

五代十國興亡表

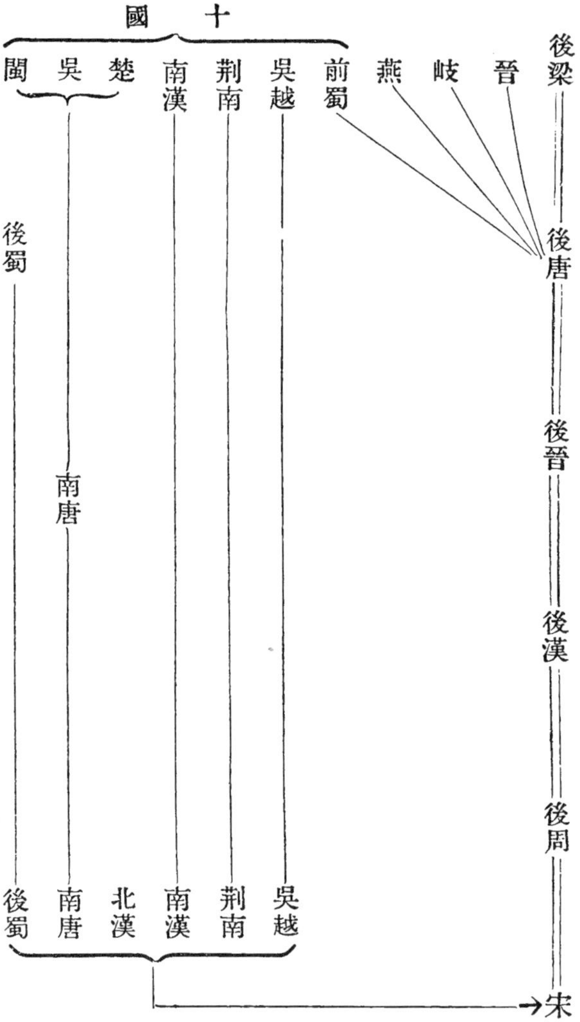

第三編 起北宋終清

北宋

太祖趙匡胤，於後周恭帝元年庚申稱帝，國號宋，改元建隆，廢恭帝爲鄭王，都汴梁。

自太祖至欽宗，凡九主，共一百六十七年而滅於金。

帝別	建元別及年數	改元次數	在位年數
太祖 趙匡胤	建隆三 起庚申 乾德五 癸亥十一月改 開寶九 九年即太平興國元年 戊辰十一月改	三	十六
太宗 光義	太平興國八 丙子十二月改 雍熙四 甲申十一月改 端拱二 起戊子 淳化五 起庚寅 至道三 起乙未	五	二十二
眞宗 恒	咸平六 起戊戌 景德四 起甲辰 大中祥符九 起戊申 天禧五 起丁巳 乾興一 壬戌	五	二十五
仁宗 禎	天聖九 起癸亥 明道二 壬申十一月改 景祐四 起甲戌	九	四十一

		寶元二	起戊寅		
		康定一	庚辰		
		慶曆八	辛巳十一月改		
		皇祐五	起己丑		
		至和二	甲午三月改		
		嘉祐八	丙申九月改		
英宗	曙	治平四	起甲辰	一	四
神宗	頊	熙寧十	起戊申	二	十八
		元豐八	起戊午		
哲宗	煦	元祐八	起丙寅	三	十五
		紹聖四	甲戌九月改		
		元符三	戊寅六月改		
徽宗	佶	建中靖國一	辛巳	六	二十五
		崇寧五	起壬午		
		大觀四	起丁亥		
		政和七	起辛卯		
		重和一	戊戌十一月改		
		宣和七	己亥二月改		
欽宗	桓	靖康二	丙午改二年卽高宗建炎元年	一	一

南宋

康王構，於靖康二年五月，卽帝位於南京，改元建炎，都臨安。自高宗至帝昺，凡九主，共一百五十二年而滅於元。○合北宋共一十八主，三百一十九年。

帝別	建元別及年數	改元次數	在位年數
高宗 趙構	建炎四 丁未四月改 紹興三十二 起辛未	二	三十六
孝宗 昚	隆興二 起癸未 乾道九 起乙酉 淳熙十六 起甲午	三	二十七
光宗 惇	紹熙五 起庚戌	一	五
寧宗 擴	慶元六 起乙卯 嘉泰四 起辛酉 開禧三 起乙丑 嘉定十七 起戊辰	四	三十
理宗 昀	寶慶三 起乙酉 紹定六 起戊子	八	四十

帝別	建元別及年數	改元次數	在位年數
	端平三 起甲午 嘉熙四 起丁酉 淳祐十二 起辛丑 寶祐六 起癸丑 開慶一 己未 景定五 起庚申		
度宗 禥	咸淳十 起乙丑	一	十
恭帝 㬎	德祐二 起乙亥二年五月卽景炎元年	一	一
端宗 昰	景炎三 丙子五月改三年卽祥興元年	一	二
帝昺	祥興二 戊寅五月改二年卽元至元十六年	一	一

附 遼

耶律氏，先號契丹，都臨潢，起梁太祖開平元年，終宋徽宗宣和七年，傳九主，共二百一十九年，滅於金。

會同元年，改國號曰遼；統和元年，復國號曰大契丹；咸雍元年，再復國號曰遼。○按遼尚有天定一號，未審何帝，見遼內興寺石幢記；寺在河北永清縣。

帝別	建元別及年數	改元次數	在位年數
太祖（阿保機）	元至九　起丁卯 神册六　丙子十二月改 天贊三　起壬午 天顯二　起乙酉	三	二十
太宗（德光）	天顯三至十二　起丁亥 會同九　起丁酉 大同一　會同十年改　丙午 會同十一　即天祿元　丁未仍稱會同十一	四	二十

帝別	建元別及年數	改元次數	在位年數
世宗（兀欲）	天祿四　起丁未	一	四
穆宗（述律）	應曆十七　起辛亥	一	十七
景宗（賢）	保寧十　起戊辰 乾亨五　起戊寅	二	十五
聖宗（隆緒）	統和二十九　起癸未 開泰八　起壬子	三	四十八

	太平十一 起庚申		
興宗 宗眞	景福一 辛未 重熙二十三 起壬申	二	二十四
道宗 洪基	清寧十一 起乙未 咸雍八 起丙午	五	四十六

	太康九 起甲寅 大安九 起癸亥 壽昌九 史作壽隆 一作盛昌 起壬申		
天祚帝 延禧	乾統九 起辛巳 天慶九 起庚寅 保大七 起己亥	三	二十五

西遼

耶律大石，於宋徽宗宣和七年，稱帝於起兒曼，是爲西遼，都虎思。傳五主，至直魯古，爲乃蠻屈出律所擒，凡七十六年而亡。

主別	建元別及年數	改元次數	在位年數
德宗 耶律大石	延慶二 起乙巳 康國九 起丁未 天德	三	十一

主別	建元別及年數	改元次數	在位年數
感天后 蕭氏	咸清六 起丙辰	一	六
仁宗 夷列	紹興十二 起壬戌	一	十二

帝別	建元別及年數	改元次數	在位年數
承天后 耶律氏	崇福十四 起甲戌 皇德 重德 俱見正閏考	三	十四
末主 直魯古	天禧三十三 起戊子	一	三十三

金

完顏氏阿骨打，起宋徽宗政和五年，終宋理宗端平元年，共十主，一百二十年，而滅於蒙古。初都會寧，稱上京；後遷於燕，稱中都大興府；以汴爲南京，改中京大定府爲北京，而東京遼陽、西京大同仍舊，所謂五京也。

帝別	建元別及年數	改元次數	在位年數
太祖 旻（原名阿骨打）	收國二 起乙未 天輔七 七年卽天會元年 起丁酉	二	八
太宗 晟（原名吳乞買）	天會十三 癸卯八月改 十三年正月殂熙宗立	一	十二
熙宗 亶（原名合剌）	天會十三至十五 起乙卯仍稱天會 天眷三 起戊午	三	十四

帝別	建元別及年數	改元次數	在位年數
	皇統九 九年卽天德元年 起辛酉		
海陵王 亮（原名迪乃古）	天德四 己巳十二月改 貞元三 起癸酉 正隆六 六年卽大定元 起丙子	三	十二
世宗 雍（原名馬祿）	大定二十九 起辛巳	一	二十九

章宗 璟（原名麻達葛）	明昌六 起庚戌 承安五 起丙辰 泰和八 起辛酉	三	十九
衛紹王 永濟（原名允濟）	大安三 起己巳 崇慶一 壬申 至寧元 卽貞祐元 癸酉	三	四
宣宗 珣（原名吾睹）	貞祐四 癸酉九月改 興定五 起丁丑 元光二 起壬午	三	十一
哀宗 守緒（原名守禮）	正大八 起甲申 開興 壬辰正月改 天興三 三年正月傳位於承麟 壬辰四月改	三	十一
末帝 承麟	盛昌 按卽天興三年一本仍稱天興三年 甲午	一	在位不久宋與蒙古兵來伐爲亂兵所殺

西夏

自李繼遷於宋太平興國七年保地斥澤，雍熙三年降契丹，以爲夏州節度使、淳化元年封爲夏王，二年降宋，以爲銀州觀察使，賜姓名趙保吉，叛服靡常。咸平六年卒，在夏王位十四年。子德明立，漸強大，在位二十九年。至孫元昊，始稱帝改元，傳十二主，至末主晛二年，爲蒙古所滅。繼遷德明及末主晛均無年號。〇起宋太宗淳化元年，終宋理宗寶慶三年，凡二百三十八年。

主別	建元別及年數	改元次數	在位年數
夏主 景宗趙元昊	顯道二 起壬申	七	十七
	開運 甲戌		
	廣運二 起甲戌		
	大慶二 起丙子		
	天授禮法延祚十一 起戊寅		
	廣熙		
	廣民 以上二號未詳何時		
夏主 毅宗諒祚	延嗣寧國一 己丑	五	十九
	天祐垂聖三 起庚寅		
	福聖承道四 起癸巳		
	奲都六 起丁酉		
	拱化五 起癸卯		
夏主 惠宗秉常	乾道二 起戊申	五	十八
	天賜禮盛國慶五 起辛亥		
	大安十 起丙辰		
	天安禮定一 丙寅 西安年號詭編以爲秉常時按南界文如此		
夏主 崇宗乾順	天儀治平四 起丁卯	八	五十三
	天祐民安八 起辛未		
	永安三 起己卯		
	貞觀十三 起壬午		
	雍寧五 起乙未		
	元德七 起庚子		
	正德八 起丁未		
	大德五 起乙卯		
夏主 仁宗仁孝	大慶四 起庚申	四	五十四
	人慶五 起甲子		
	天盛二十二 起己巳		
	乾祐二十三 起辛卯		

夏 桓宗純祐 主	天慶十三 起甲寅	一	十三
夏 襄宗安全 主	應天四 起丁卯 皇建一 辛未	二	五
夏 神宗遵頊 主	光定十二 起壬申	一	十二
夏 獻宗德旺 主	乾定三 三年卽末主睍元年起甲申翌年爲蒙古所滅 起甲申	一	二
	廣僖 成都 淸平 均見玉海，不知夏何主	三	

元

先號蒙古，姓奇渥溫氏。自太祖鐵木眞於南宋寧宗開禧二年稱帝於斡難河，滅乃蠻部。嗣太宗定宗憲宗繼之，稱帝漠北。至世祖忽必烈至元八年，改國號曰元，十六年滅宋，天下一統，計四主二后，並世祖在漠北年數，共七十二年。入主中原後，又十主，至順帝而北遁，凡八十九年而滅於明。合計十四主二后，共一百六十一年。又惠宗昭宗建號故國十三年，應歸入北元數內。初都和林稱上都，後都燕京，最後仍徙和林。

未入中原以前，史稱蒙古，茲將蒙古各帝后在位年數列記如左。

太祖鐵木眞，一稱成吉思汗，在位二十二年。

太宗窩闊台，在位十三年。

太宗第六后乃馬眞氏，稱制四年。

定宗貴由，在位三年。

定宗皇后斡兀，稱制二年。

憲宗蒙哥，在位九年。

以上各帝后，均無年號，故不列入表內。

帝別	建元別及年數	改元次數	在位年數
世祖 忽必烈（憲宗弟）	中統四 起庚申 至元三十一 起甲子十六年入主中原	二	三十五
成宗 鐵木耳	元貞二 起乙未 大德十一 起丁酉	二	十三
武宗 海山	至大四 起戊申	一	四
仁宗 愛育黎拔力八達	皇慶二 起壬子 延祐七 起甲寅	二	九
英宗 碩德八剌	至治三 起辛酉	一	三
泰定帝 也孫鐵木耳	泰定四 起甲子 致和 戊辰二月改	二	四

主別	建元別及年數	改元次數	在位年數
幼主 阿速吉八	天順 戊辰八月改 九月文宗立	一	在位三月 是年十月文宗遣兵陷上都不知所終
明宗 和世㻋	天歷二 戊辰九月文宗改 旋遣使迎明宗於漢北 二年正月明宗立 八月殂	一	在位僅八月而殂未改元文宗復位仍稱天歷
文宗 圖帖睦爾	至順三 庚午五月改	一	五 前後在位四年餘
順帝 妥懽帖睦爾	元統二 癸酉十月改 至元六 乙亥十一月改 至正二十八 辛巳改 二十八年即明洪武元年北遁後又二年而殂	三	三十五

【附考】按文宗後尚有寧宗一帝，名懿璘質班，至順三年十月即位，十一月殂，未改元，故不列入表內。

附 **北元**

元順帝於戊申八月，因明兵至通州，棄大都北遁，徙應昌，又二年而殂，廟號惠宗，明諡曰順帝。子昭宗愛猷識里達臘嗣立，改元宣光。旋明兵圍應昌，以餘兵走保和林，在位十一年，是爲北元。後主古思帖木耳繼之，改元天元，年數未詳。

主別	建元別及年數	改元次數	在位年數

昭宗 愛猷識里達臘	宣光十一 起明洪武三年庚戌	一	十一		可用 萬乘 二號據紀元韻覽不知何主	二	
後主 古思帖木耳	天元 洪武十三年庚申見高麗史	一					

元末諸僭竊考 起元順帝至正十一年，終明太祖洪武元年。

天完　徐壽輝，蘄州羅田人，至正十一年十月舉兵爲亂，據蘄水，國號天完，稱皇帝，建元治平。初都蘄水，繼遷漢陽，僭立十年，爲其下陳友諒所殺。

大周　張士誠，泰州人，至正十三年五月起兵陷高郵，據以爲都，國號大周，自稱誠王，改元天祐，後改平江路（卽蘇州）爲隆平府，徙都之，僭立十五年，爲明所滅。

宋　韓林兒，韓山童之子，至正十五年二月，妖人劉福通迎立爲皇帝，又號小明王，國號宋，改元龍鳳。初都亳州，繼遷汴梁，又徙安豐，於至正二十六年，爲明將廖永忠所害，僭立十二年。

漢　陳友諒，徐壽輝之臣，至正二十年閏五月弒其主，自立爲皇帝，國號漢，改元大義，都江州，僭立四年而亡。子理爲其臣張定邊所立，都武昌，改元德壽，僭立二年，爲明所滅。

大夏　明玉珍，天完氏之臣，於至正二十二年三月，據蜀稱隴蜀王，翌年正月稱皇帝，都成都，國號大夏，改元天統，僭立四年卒。子昇立，時年十歲，改元開熙，僭立六年，爲明爲滅。

元末諸僭竊建元表　以有年號者爲限凡五國

國別	姓氏別	建元別及年數	改元次數	僭立年數
天完	徐壽輝	治平八 一作天啓 起辛卯；天定二 起己亥	二	十
大周	張士誠	天祐十五 癸巳五月改 一說癸卯方改元	一	十五
宋	韓林兒	龍鳳十二 乙未二月改	一	十二
漢	陳友諒	大義四 四年卽德壽元 庚子五月改	一	三
	陳理	德壽二 癸卯八月改	一	二
大夏	明玉珍	元年 起壬寅；天統四 四年卽開熙元年 起癸卯	一	四 合隴蜀王一年共四年
	明昇	開熙六 起丙午	一	六

朱元璋，鍾離人，元至正二十八年正月，即帝位於金陵，國號明，建元洪武。至成祖徙都燕，傳十六帝，二百七十六年，為流寇所亡。

帝別	建元別及年數	改元次數	在位年數
太祖 朱元璋	洪武三十一 起戊申	一	三十一
惠帝 允炆	建文四 起己卯	一	四
成祖 棣	永樂二十二 起癸未	一	二十二
仁宗 高熾	洪熙一 起乙巳	一	一
宣宗 瞻基	宣德十 起丙午	一	十
英宗 祁鎮	正統十四 起丙辰 天順八 景泰八年復位後改丁丑正月	二	二十二
代宗 祁鈺（景帝）	景泰七 起庚午	一	七
憲宗 見深	成化二十三 起乙酉	一	二十三
孝宗 祐樘	弘治十八 起戊申	一	十八
武宗 厚照	正德十六 起丙寅	一	十六
世宗 厚熜	嘉靖四十五 起壬午	一	四十五
穆宗 載垕	隆慶六 起丁卯	一	六

神宗	翊鈞	萬曆四十八	起癸酉四十八年七月以後即泰昌元年	一	四十七
光宗	常洛	泰昌一	庚申八月改	一	一
熹宗	由校	天啓七	起辛酉	一	七
懷宗	由檢	崇禎十七	起戊辰十七年即清順治元年	一	十六

明末六王考

起明崇禎十七年五月，終清順治十八年十二月。

福王　朱由崧，神宗孫。甲申北都之變，王時避賊在淮安。明鳳陽總督馬士英等迎立於南京，改元弘光，是歲五月即皇帝位。明年五月，爲清兵執歸京師，在位凡二年。（實計僅一年零一月。）

唐王　朱聿鍵，太祖八世孫。順治二年，明臣鄭鴻逵等奉王入福建，丁未七月，即位於福州，改七月以後爲隆武元年。明年兵敗，奔汀州，被清兵所執，在位凡二年。

魯王　朱以海，太祖九世孫，順治二年，明兵部尚書張國維等奉王監國於紹興，以明年爲魯監國元年，改元庚寅。一說順治七年改監國，後屢爲清兵所迫，遁入海，嗣居金門島。順治八年十一月，將往南澳，鄭成功使人沈之海中，在位凡六年。

唐王　朱聿𨮁，太祖八世孫。順治三年十一月，明大學士蘇觀生等奉王監國於廣州，改元紹武。十二月，清兵破廣州，被獲，自縊死，在位二月。

桂王　朱由榔，神宗孫，桂端王常瀛次子。順治三年，明兩廣總督丁魁楚等，共推王監國。是年，王卽位於肇慶，以明年爲永曆元年，後屢爲清兵所迫，轉徙兩廣雲貴，最後入緬甸，居賴磴。順治十八年十二月，清兵入緬甸，緬酋以王獻軍前。明年夏四月，王及太子死於雲南，在位十五年。

淮王　朱常清，順治五年，鄭成功奉爲監國，改元東武，見無名氏鯨埼別編。

明六王建元表

王別	建元別及年數	改元次數	在位年數
福王 朱由崧	弘光二　甲申五月改	一	二
唐王 聿鍵	隆武二　乙酉八月改	一	二

王別	建元別及年數	改元次數	在位年數
魯王 以海	庚寅六　丙戌正月改 一說庚寅改	一	六
唐王 聿𨮁	紹武　丙戌十一月改	一	二月

桂王 由榔	永曆十五 丁亥正月改	一	十五	淮王 常淸	東武 戊子	一	未詳

明末二僭竊考

起明崇禎十七年正月，終淸順治三年十二月。

大順 李自成，陝西米脂縣人，流寇高迎祥之甥。崇禎十七年正月，稱王於西安，國號大順，改元永昌。是歲三月，陷北京，明懷宗殉國，自成卽帝位於武英殿。聞淸兵且至，燒宮室，挾明太子及二王西走。順治二年十二月，淸兵克西安，自成走襄陽，復赴武昌，至通城，竄於九宮山，率二十騎掠食山中，爲村民所困，自縊死。或曰陷泥淖中，被村民鉏擊死，僭立凡二年。

大西 張獻忠，陝西延安人，起流寇。順治元年入川，據成都，僭號大西國王，改元義武，旋改大順。順治三年，率衆出川北，謀窺西安，至鹽亭界大霧，獻忠曉行，猝遇淸兵於鳳凰坡，中矢墜馬，伏積薪下，淸兵擒出斬之。僭立凡三年。

本表以有年號者爲限，凡二國。

國別	姓氏別	建元別及年數	改元次數	僭立年數
大順	李自成	永昌二 甲申正月改	一	二
大西	張獻忠	義武 甲申改 大順三 蜀碧作天順 甲申又改	二	三

清代建元及立國始末表

起明萬曆十一年癸未，終清宣統三年辛亥。

清起自赫圖阿拉（卽興京），先世爲女眞別種愛新覺羅氏，居長白山之東麓。後丁國變，有孟特穆者，卽肇祖原皇帝，始遁居於此，慨然有興復之志。數傳至覺昌安而始大，是爲景祖。再傳至太祖努爾哈赤，戰勝尼堪外蘭，蠶食鄰近諸部，遂成開創之業，始建國號曰後金（一說滿洲）改元天命。（時明萬曆四十四年正月也。）薩爾滸一役，明師奪氣，遂乘勝侵邊，既克遼瀋，乃建盛京。

太宗皇太極繼之，（明天啓六年九月，以明年爲天聰元年。）東藩朝鮮，西降插漢兒（察哈爾），北取東海索倫諸部，南有濱海島嶼，版圖日擴，改國號曰清，改元崇德。（明崇禎九年四月。）又數興師伐明，長城內外，如入無人之境，王業以奠。世祖福臨，以沖齡踐阼，

（明崇禎十七年正月嗣位，改元順治）戰守未定；會明將吳三桂開關迎降，遂長驅入燕代，平流寇，入主中夏。十八年中，日昃不遑，規模粗具。聖祖（玄燁）嗣立，改元康熙，削平三藩，勘定臺灣，乃毀雅克薩城，北與羅刹（俄羅斯）以外興安嶺爲界；又破準噶爾，收服阿勒台山（阿爾泰山）以東地，兵威及於藏南矣。其後世宗（胤禎）用兵青海，再降準部；又與羅刹訂約，以恰克圖爲市場；西起沙濱達巴哈，東至阿巴海圖，立碑爲界。

及高宗弘曆（改元乾隆），承康雍餘烈，卒平準回，兼闢苗疆，威服西南諸國；其列入職方者凡十有八省：曰直隸江蘇安徽山西山東河南陝西甘肅浙江江西湖北湖南四川福建廣東廣西雲南貴州，爰分職守以理疆域：京師盛京，各置府尹一，各省置總督八，（直隸、兩江、兩湖、兩廣、閩浙、雲貴、陝甘、四川）巡撫十五，（各省一人，惟四川、直隸、甘肅由總督兼，吉林、黑龍江、新疆巡撫係後設，又奉天置總督一，兼管奉吉黑三省，清末以督撫同城，權不統一，乃於光緒三十年裁去湖北雲南廣東三巡撫，合而計之，有二十二行省）將軍十一，（江寧、京口、杭州、福州、廣州、荊州、成都、西安、寧夏、涼州、綏遠。中葉以還，復添設奉天、吉林、黑龍江、伊犁四將軍，及喀爾喀定邊左副將軍。此外熱河、察哈爾各設都統一，直隸、山西、甘肅、奉、吉、黑、山東、陝西、江浙、湖北、四川、福建、廣東、新疆，共設副都統三十有五，而參贊、辦事、幫辦、領隊各大臣，尙不與焉。是爲旗兵長官。若夫綠營，有提督、總兵、副、參、游、守、千、把、外等官佐，治軍之官可謂盛矣。）而奉天吉林黑龍江伊犁等處，亦各置軍戍守。（已見上註，清末奉吉黑改行省，設一總督，二巡撫。）凡府一百八十四，州六十四，廳十六，屬州一百五十，屬廳十，（清末歸綏一帶添設直隸廳十有一）屬縣一千三百有一。（羈縻土府州縣司等，不在其內，其後改土歸流，及東三省新疆改行省後，府廳州縣各有增加，不祇上述之數矣。）是爲本部。外藩及屬國凡二十有九；內蒙古部落二十五，爲旗五十有一；外蒙古喀爾喀部落四，爲旗八十有四；青海部落四，爲旗二十有九；西套厄魯特編旗三，察哈爾編旗八，西藏轄城六十餘，與口外牧廠西域各部並隸版圖。東自朝鮮、琉球、蘇祿，南自安南、暹羅、南掌、緬甸，西南廓爾喀（卽尼泊爾），錫金（一名哲孟雄）布魯克巴（卽布丹），西至哈薩克、布魯特、霍罕（卽浩罕）、安集延、塔什罕、拔克達山、博洛爾、布哈爾、愛烏罕、痕都斯坦、巴勒提諸國，罔不稱藩內附，日闢百里，何其盛也。（以上據大清一統志。）

洎夫仁宗（顒琰改元嘉慶）嗣立，內亂迭興，宣宗（旻寧改元道光）繼之，始與英人啓釁，（因廣督林則徐燒燬英商鴉片，）卒開五口通商（上海寧波福州廈門廣州），割香港以畀英，於是洪秀全楊秀清石達開輩乘之，集議金田而禍變作矣。及文宗（奕詝）登極，改元咸豐，秀全亦建國稱王（號太平天國，自稱天王，）長驅東下，直據金陵；英法乘之，聯軍逼京，帝走熱河，致爲城下之盟。於是俄人乘機南下，要割黑龍江北、烏蘇里河以東之地，而國境蹙矣。賴曾左諸氏專力於外，削平大難，收復回疆，克成穆宗（載淳改元祺祥，旋改同治）中興之業。然西北阿爾泰諸爾烏梁海及唐努烏梁海十佐領之地，已永淪不返。

德宗（載湉改元光緒）初葉，能收回伊犁，改建行省，顧棄東南緬甸越南暹羅錫金琉球諸國，以自撤藩籬；繼又棄朝鮮，割臺澎以畀日本，於是英俄德法紛起效尤，侵佔我軍港，攘奪我路鑛，干涉我土地，瓜分之禍迫於眉睫，甚至養癰貽患，（利用義和團仇殺外人，致京城失守，）致召八國之師（英法德俄義奧美日），引狼入室，激成日俄之戰，日蹙百里，又何衰也。迨少帝溥儀立（改元宣統，）醇親王載灃攝政，而革命之機愈熟。黎元洪武昌一呼，響應者幾徧全國，袁氏乘之，迫清退位，宣布共和，改稱民國，數千年專制之局，於焉告終。（本考係據大清一統志及雜採嘉定童世亨湖北汪曦鸞之說，參以己意而成，特此附註。）

本表起太祖癸未，至宣統辛亥，凡十二帝，共三百二十九年。內除太祖太宗六十一年，入主中原後，凡二百六十八年。

帝別	建元別及年數	改元次數	在位年數
太祖 努爾哈赤	元至三十三 起癸未；天命十一 起丙辰	一	四十四
太宗 皇太極	天聰十（十年五月以後卽崇德元年）起丁卯；崇德八（元年四月改國號曰大清）起丙子	二	十七
世祖 福臨	順治十八 起甲申是年入主中原	一	十八
聖祖 玄燁	康熙六十一 起壬寅	一	六十一
世宗 胤禛	雍正十三 起癸卯	一	十三
高宗 弘曆	乾隆六十 起丙辰	一	六十
仁宗 顒琰	嘉慶二十五 起丙辰	一	二十五
宣宗 旻寧	道光三十 起辛巳	一	三十

文宗 奕詝	咸豐十一 起辛亥	一	十一
穆宗 載淳	祺祥 壬戌改 同治十三 壬戌又改	二	十三

德宗 載湉(文宗之姪)	光緒三十四 起乙亥	一	三十四
少帝 溥儀(德宗之姪)	宣統三 起己酉	一	三

附

清未入關前世系表

都督孟特穆(追諡肇祖原皇帝)
- 充善
  - (一)妥羅
  - (二)妥義謨
  - (三)錫寶齋篇古——都督福滿(追諡興祖直皇帝)
    - (一)德世庫
    - (二)劉闡
    - (三)索長阿
    - (四)覺昌安(追諡景祖翼皇帝)
      - (一)禮敦
      - (二)額爾袞
      - (三)界堪
      - (四)塔克世(追諡顯祖宣皇帝)
      - (五)塔察篇古
    - (五)包朗阿
    - (六)寶實
- 褚宴

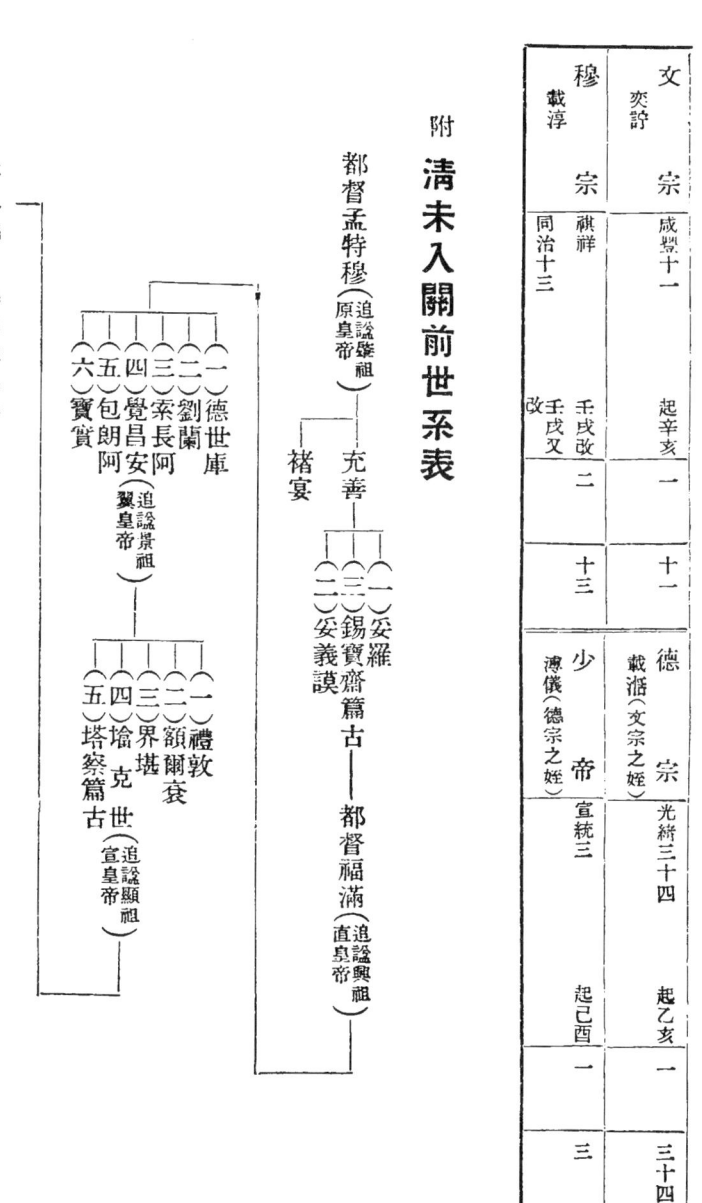

—（一）太祖高皇帝努爾哈赤（在位十一年）改元天命起卽明萬曆四十四年至天啓六年

—睿親王多爾袞（攝政王）

—（二）太宗文皇帝皇太極（在位十七年）天聰九崇德八起明天啓七年至崇禎十六年崇德元年始建國號曰清

—（三）世祖章皇帝福臨（順治元年始入主中原）—

清僭竊一 僞周吳三桂及其孫世璠，起康熙十二年十一月，終二十年十月。

周　吳三桂，明總兵吳襄之子，崇禎末，爲總兵官。順治元年，北都陷後，開關延清，討平流寇；後封平西親王，鎮守雲南。及康熙十二年撤藩事起，三桂乃於是年十一月二十一日殺雲南巡撫朱國治，以所部兵反，自稱天下都招討兵馬大元帥，以明年爲周元年（一說，康熙十三年正月，三桂奉崇禎三太子卽位，改元周啓，直至十七年三月，方始自立稱帝，改元昭武，國號大周。）旋分兵四出，擾攘頻年，奄有七省之地。嗣因湖南戰事迄未得手，響應者先後反正，疆域日蹙，乃思竊帝號以自娛。十七年五月，遂卽帝位於長沙，改元昭武，國號周。自長沙徙都衡州，改衡州爲定天府。八月，遣所部攻永興城，垂破，而三桂暴卒（僭立四年有奇。）諸兵解圍赴衡州。其孫世璠自雲南至，始發喪，改元洪化，擁柩歸滇。二十年十月，淸兵會攻雲南省城，食盡援絕，守者復內應，世璠自殺（僭立三年有奇）。凡兩世，共八年二月而亡。

名別	建元別	改元次數	僭立年月
吳三桂	昭武 康熙十七年五月改八月卒連未改元前計之共四年十月 利用 見觚賸續錄不知何時	二	四年十月
吳世璠 三桂孫	洪化 康熙十七年八月改二十年十月平	一	三年三月

附 太平天國考 起咸豐元年閏八月，終同治三年六月。

天王 洪秀全，廣東花縣人。道光三十年六月，起兵廣西之金田，陷廣西數城。咸豐元年閏八月，攻永安州陷之，建號太平天國，以國號爲紀元。自爲天王，分封楊秀清等爲五王，（楊秀清東王，蕭朝貴西王，馮雲山南王，韋昌輝北王，石達開右翼王。洪大全之天德王係因舊稱。）秦日昌羅亞旺范連德胡以洸等爲丞相軍師等職。自是黨衆日盛，所向克捷，連陷沿江各省。三年二月，遣石達開等取江寧，定爲國都。立朝儀，定官制，制法律，行新曆（卽陽歷，）完髮易服，設學開科，（應試者有二萬人，）儼然新朝氣象。當其盛時，奄有十三省區。迨後六王爭權，自相殘殺，部屬離異。湘鄉曾國藩起而乘之，相持數年，江寧合圍，同治三年六月，克復江寧，而秀全已於五月二十七日仰藥死矣（在位十三年零四月。）城破後，幼主福奔廣德，輾轉走廣信，是年八月，爲江西軍席寶田所獲，磔於南昌市。太平天國凡兩主，共十三年又六月而亡。

按咸豐二年賽尚阿奏摺附單之洪大泉口供，（原件現存故宮文獻館）當時僅封五王，即東王楊秀清，西王蕭朝貴，南王馮雲山，北王韋昌輝，右翼王石達開也天德王洪大泉（湖南衡山縣人，與洪秀全並非同宗，）原爲天地會，後改爲上帝會，係洪秀全因大泉前爲三合會首領，署有天德年號，故因其舊稱以尊之，號曰天德王，與己之太平王平行，同有萬歲之稱，並非封爲天德王也。

主別	建元別及年數	改元次數	在位年數
天王 洪秀全	太平天國十四　辛亥八月改	一	十四 實計十三年零四月
主別	建元別及年數	改元次數	在位年月
幼主 福	太平天國　甲子仍稱太平天國十四年	一	二月

附錄

歷代正閏系統表

起西漢高祖乙未元年，終清宣統辛亥三年，共二千一百十有七年。

西漢‖—新—漢淮陽王—‖東漢‖魏‖晉‖東晉‖宋‖齊‖梁‖陳‖

‖隋‖唐‖後梁‖後唐‖後晉‖後漢‖後周‖宋‖南宋‖元‖明‖清

歷代建元重出對照表

重出凡一百一十九，重複之都數凡三百一十。

建元別	國主別	重複次數	附考
後元	漢文帝 漢景帝 漢武帝	三	文景二帝之後元中元當時雖無建元之名後此武帝光武曾用以建元故並載焉
中元	漢景帝 東漢光武帝	二	

建元別	國主別	重複次數	附考
中興	西燕主慕容永 齊和帝 北魏安定王 南唐主李景	四	
建	東漢光武帝	六	

武	晉惠帝 東晉元帝 後趙主石虎 西燕主慕容忠 齊明帝		
建平	漢哀帝 後趙主石勒 後燕主慕容麟 後燕主慕容盛 西燕主慕容瑤 南燕主慕容德	六	
建始	漢成帝 後燕主慕容詳 後燕主慕容熙	三	
建	東漢章帝 成主李特 後秦主姚萇	四	
初	西涼主李暠		
建元	漢武帝 東晉康帝 漢主劉聰 前秦主苻堅 齊高帝	五	
建興	蜀漢後主 吳侯官侯 晉愍帝 成主李雄 前涼主張寔 前涼主張玄靚 後燕主慕容垂	七	
建和	東漢桓帝 南涼主利鹿孤	二	
建義	西秦主乞伏國仁 北魏孝莊帝	二	

建明	西燕主慕容顗 北魏東海王	二	
永光	漢元帝 宋廢帝	二	
永初	東漢安帝 宋武帝	二	
永建	東漢順帝 西涼主李恂	二	
永興	東漢桓帝 晉惠帝 魏王冉閔 前秦主苻堅 北魏太宗 北魏孝武帝	六	
永	東漢順帝 東晉穆帝 後秦主姚泓	五	
和	北涼主沮渠牧犍 閩主王延鈞		
永安	吳景帝 晉惠帝 北涼主沮渠蒙遜 北魏孝莊帝 夏主趙乾順（崇宗）	五	
永泰	齊明帝 唐代宗	二	
永嘉	東漢沖帝 晉懷帝	二	
永康	東漢桓帝 晉惠帝 後燕主慕容寶 西秦主乞伏熾磐	四	
永壽	見道經 東漢桓帝	二	

永平	東漢明帝 晉惠帝 北魏世宗 隋李密 前蜀主王建	五	
永寧	東漢安帝 晉惠帝 後趙主石祗	三	
永隆	隋梁師都 唐高宗 閩主王曦	三	
永樂	前涼主張重華 明成祖	二	
永昌	東晉元帝 唐則天后 明李自成	三	
永	東漢和帝	三	
元	前涼主張茂 齊東昏侯		
永熙	晉惠帝 北魏孝武帝	二	
太平	吳侯官侯 北燕主馮跋 梁敬帝 隋林士宏 北宋太宗 遼聖宗	六	
太寧	東晉明帝 後趙主石虎 北齊武成帝	三	
太元	吳大帝 東晉孝武帝 前涼主張駿	三	以時計之前涼張駿應列晉孝武前
太	漢武帝	二	

始	前涼主張玄靚		
太康	晉武帝 遼道宗 一作大康	二	
太清	前涼主張天錫 梁武帝	二	
太安	晉惠帝 前秦主苻丕 後涼主呂光 北魏文成帝	四	
太初	漢武帝 漢哀帝（太初元將一作太初） 前秦主苻登 西秦主乞伏乾歸 南涼主禿髮烏孤	五	
太	魏明帝 後趙主石勒 東晉海西公	五	

和	漢主李勢 北魏孝文帝		
太平天國	洪秀全 洪福	二	以國號爲建元
更始	漢淮陽王 西燕主慕容沖 西秦主乞伏乾歸	三	
元興	東漢和帝 吳歸命侯 東晉安帝	三	
元和	東漢章帝 唐憲宗	二	
元嘉	東漢桓帝 宋文帝	二	
元熙	東晉恭帝 漢主劉淵	二	以時計之劉淵應列晉恭帝前
元	漢宣帝	二	

康	晉惠帝	
元光	漢武帝 金宣宗	二
天漢	漢武帝 前蜀主王建	二
天興	北魏太祖 隋劉武周 金哀宗	三
天寶	唐玄宗 吳越主錢鏐	二
天祐	唐昭宗 唐昭宣帝 元張士誠　一作天佑	三
天保	北齊文宣帝 後梁主蕭巋	二
天會	北漢主劉鈞 北漢主劉繼元 金太宗 金熙宗	四
天璽	吳歸命侯 北涼主段業	二
天德	閩主王延政 西遼主德宗 金海陵王	三
天禧	宋眞宗 西遼主直魯古	二
天統	北齊溫公 元明玉珍	二
天授	唐則天后 西夏主趙元昊（景宗）	二
天順	元幼主 明英宗	二
天顯	遼太祖 遼太宗	二

天慶	遼天祚帝 西夏主趙純祐（桓宗）	二	
天成	梁貞陽侯 後唐明宗	二	
天福	後晉高祖 後晉齊王 後漢高祖	三	
正始	魏邵陵公 後燕主慕容高雲 北魏宣武帝	三	
正平	北魏太武帝 隋李子和	二	
正德	西夏主趙乾順 明武宗	二	
至德	陳後主 唐肅宗	二	
至元	元世祖 元順帝	二	
延熙	蜀漢後主 後趙主石弘	二	
延和	北魏太武帝 唐睿宗	二	
延興	北魏孝文帝 齊海陵王	二	
咸寧	晉武帝 後涼主呂纂	二	
咸康	東晉成帝 前蜀主王衍	二	
大同	梁武帝 遼太宗	二	
大寶	梁簡文帝 南漢主劉鋹	二	
大	後涼主呂光 金衛紹王	四	遼道宗應列金衛紹王前

安	遼道宗 西夏主趙秉常（惠宗）		
大定	後梁主蕭巋 北周靜帝 金世宗	三	
大順	唐昭宗 明張獻忠	二	
大慶	西夏主趙元昊（景宗） 西夏主趙仁孝（仁宗）	二	
大德	西夏主趙乾順（崇宗） 元成宗	二	
貞觀	唐太宗 西夏主趙乾順	二	
貞元	唐德宗 金海陵王	二	
乾	隋輔公祏 前蜀主王衍	三	
德	宋太祖		
乾道	西夏主趙秉常 南宋孝宗	二	
乾亨	南漢主劉龑 遼景宗	二	
乾化	後梁太祖 後梁末帝	二	
乾祐	後漢高祖 後漢隱帝 北漢主劉旻 北漢主劉鈞 西夏主趙仁孝	五	
皇建	北齊孝昭帝 西夏主趙安全（襄宗）	二	
皇始	前秦主苻健 北魏道武帝	二	
五	漢宣帝	三	

鳳	吳侯官侯 隋竇建德	
青龍	魏明帝 後趙主石鑒 後燕主蘭汗	三
黃龍	漢宣帝 吳大帝	二
嘉平	魏邵陵公 漢主劉聰 南涼主禿髮傉檀	三
和平	東漢桓帝 前涼主張祚 北魏文成帝	三
上元	唐高宗 唐肅宗	二
光天	前蜀主王建 南漢主劉玢	二

應天	燕主劉守光 西夏主趙安全（襄宗）	二
甘露	漢宣帝 魏高貴鄉公 吳歸命侯 前秦主苻堅	四
治平	宋英宗 元徐壽輝	二
承光	夏主赫連昌 北齊幼主	二
保大	南唐主李景 遼天祚帝	二
廣運	後梁主蕭琮 北漢主劉繼元 西夏主趙元昊	三
麟嘉	漢主劉聰 後涼主呂光	二

升平	東晉穆帝 前涼主張玄靚	二	
天啓	梁永嘉王蕭莊 明熹宗	二	
武成	北周明帝 前蜀主王建	二	
紹興	南宋高宗 西遼主耶律夷列	二	
泰始	晉武帝 宋明帝	二	
燕元	前燕主慕容皝 前燕主慕容儁 後燕主慕容垂	三	
明德	後蜀主孟知祥 後蜀主孟昶	二	

顯德	後周太祖 後周世宗	二	
開皇	見道經 隋文帝	二	
開運	後晉出帝 西夏主趙元昊	二	
延康	東漢獻帝 見道經　未詳何時 隋沈法興	三	
神龍	唐則天后 唐中宗	二	
景福	唐昭宗 遼興宗	二	

歷代建元考拾遺

歷代僭竊年號表

西漢末僭竊表 起漢淮陽王更始元年癸未，終世祖建武十年甲午。

姓氏	建元	改元次數	僭立年數
隗囂 成紀人，據天水，有隴西七郡，自稱西州上將軍	漢復 更始元年改，建武九年卒，子純立於冀，十年降漢	一	十二 合隗純一年共十三年

姓氏	建元	改元次數	僭立年數
劉盆子 卜者王郎	建世 建武元年改，三年亡，詐稱成帝子輿	一	三

東漢僭竊表

姓氏	建元	改元次數	僭立年數
張曼成	神上 見類纂考，不知所本	一	

魏僭竊表 起明帝景初元年丁巳，終二年戊午。

姓氏	建元	改元次數	僭立年數
公孫淵 稱燕王	紹漢 明帝景初元年七月改明年八月亡	一	一年二月

兩晉僭竊表 起惠帝永康元年庚申，終東晉安帝元興二年癸卯。

姓氏別	建元別	改元次數	僭立年月
趙廞	太平 惠帝永康元年十一月改明年正月平	一	三月
趙王倫 司馬氏八王之一	建始 永康二年正月改四月誅	一	四月
劉尼 即義陽蠻張昌	神鳳 太安二年五月改八月平	一	四月
南陽王保	建康 元帝太興二年四月改明年五月亡	一	一年二月

姓氏別	建元別	改元次數	僭立年數
句渠知 趙巴酋	平趙 太興三年六月改七月平	一	二月
侯子光 後趙	龍興 成帝咸康二年改即平	一	
張琚 秦	建昌 穆帝永和八年正月改五月平	一	五月
李宏 秦	鳳凰 帝奕太和五年八月改九月平	一	二月

張育秦	黑龍孝武帝寧康二年六月改九月平	一	四月
王始南燕太山賊	太平	一	
張大豫後涼	鳳凰孝武帝太元十一年二月改十一月平	一	十月
翟遼後燕	建光太元十三年改傳子釗	一	三年九月
翟釗後燕	定鼎太元十六年十月改明年六月亡	一	九月
竇衝西秦	元光太元十八年六月改明年七月平	一	一年二月
桓玄	永始建始安帝元興二年十二月改明年五月誅○建始一號係三年改	二	六月
桓謙	天康一作天安○見玉海	一	

宋僭竊表

起文帝元嘉九年壬申，終明帝泰始二年丙午。

姓氏別	建元別	改元次數	僭立年月
趙廣氏賊	泰始元嘉九年九月改十四年四月平見宋書劉粹傳	一	四年八月
楊難當氏	建義元嘉十三年三月改七月降魏十九年宋師討平之	一	六年十月

姓氏別	建元別	改元次數	僭立年月
元凶劭文帝太子弑文帝	太初元嘉三十年二月改五月誅	一	四月
南郡王義宣即魯爽	建平孝武帝孝建元年正月改六月亡	一	六月

姓氏別	建元別	改元次數	僭立年月
晉安王子勛	義嘉 明帝泰始二年正月改八月亡	一	八月

齊僭竊表

一 起武帝永明四年丙寅，終五年正月。

一 起東昏侯永元二年二月，終三月。

姓氏別	建元別	改元次數	僭立年月
唐寓之 富陽民	興平 武帝永明四年改明年正月平	一	
雍道晞	建義 東昏侯永元二年二月改三月平	一	二月

梁僭竊表

起武帝大同元年乙卯，終元帝承聖二年癸酉。

姓氏別	建元別	改元次數	僭立年月
鮮于琛	上願 武帝大同元年改是年平	一	
王巨觸 汾州胡	平都 大同二年改	一	
劉敬躬	永漢 大同八年正月改三月平	一	三月
臨賀王正德	正平 太清二年十一月改明年三月廢	一	五月

侯景（自稱漢帝）	太始（簡文帝大寶二年二月改明年四月誅）	一	一年三月
武陵王紀（稱帝成都）	天正（大寶三年四月改元帝承聖二年七月亡）	一	一年四月

北魏僭竊表

起太宗神瑞二年乙卯，終西魏文帝大統元年乙卯

姓氏別	建元別	改元次數	僭立年月
白亞栗斯（河西饑胡）	建平（太宗神瑞二年三月改明年九月平）	一	一年七月
博眞	承平（太武帝時）	一	
司馬小君	聖君（文成帝興安二年改見魏書道武諸子傳）	一	
呂苟（或作荀）兒	建明（宣武帝正始三年正月改九月平）	一	九月
陳瞻（均州賊）	聖明（正始三年正月改七月平）	一	七月

姓氏別	建元別	改元次數	僭立年月
京兆王愉	建平（永平元年八月改九月平）	一	二月
破六韓拔陵	眞王（孝明帝正光四年四月改）	一	
莫折念生	天建（正光五年六月改孝昌三年九月平）	一	三年四月
元法僧	天啓（一作大啓孝昌元年正月改三月歸梁）	一	三月
杜洛周	眞王（孝昌元年八月改武泰元年正月平）	一	二年六月

劉蠡升山胡	神嘉孝昌元年十二月改西魏文帝大統元年三月平	一	十年四月
鮮于修禮	魯興一作普興孝昌二年正月改八月平	一	八月
葛榮	廣安孝昌二年九月改武泰元年九月平	一	二年一月
劉獲鄭辨	天授孝昌三年七月改是月平	一	一月
蕭寶寅	隆緒孝昌三年十月改明年正月平	一	四月
邢杲	天統孝莊帝建義元年六月改明年四月平	一	十一月
万俟醜奴	神獸建義元年七月改永安三年四月平	一	二年十月
北海王顥	孝基永安二年四月改六月亡	一	三月
汝南王悅	更新東海王建明元年十二月改是月還梁一作更興	一	一月
劉舉光州人北魏時	皇武僭號濮陽見韻編	一	
沙門法慶薊州賊	大乘	一	
陳雙熾	始建	一	

北周僭竊表

起武帝建德五年丙申，終六年丁酉。

姓氏	建元	改元次數	僭立年月

姓氏別	建元別	改元次數	僭立年月
劉沒鐸（稽胡）	石平（建德五年十二月改明年十一月平）	一	一年

北齊僭竊表

起幼主恆承光元年丁酉，終周宣帝宣政元年十一月。

姓氏	建元	改元次數	僭立年月
高紹義	武平（幼主承光元年十二月改明年閏六月亡）	一	八月

隋末僭竊表

起隋煬帝大業九年癸酉，終代王侑義寧元年丁丑。

姓氏別	建元別	改元次數	僭立年月
向海明	白烏（大業九年十一月改卽平）	一	一月
劉迦論	大世（大業十年正月改卽平）	一	一月
操師乞	始興（或云天成大業十二年十月改卽平）	一	一月
曹武徹	通聖（義寧元年見隋紀）	一	

唐僭竊表

起高祖武德元年戊寅，終昭宗乾寧三年丙辰。○附前蜀僭竊程道養。

姓氏別	建元別	改元次數	僭立年月
高曇晟	法輪 武德元年十二月改數月亡	一	
王摩沙	進通 武德六年正月改	一	
譙王重福	中元克復 一作中宗克復 景雲元年七月改八月平	一	二月
安祿山 稱大燕皇帝	聖武 一作天和 天寶十五年正月改明年正月誅卽至德二載	一	一年一月
安慶緒 祿山子	載初 至德二載改 天成 至德二載十月改乾元二年四月誅○一作天和或作至成	二	二年四月

姓氏別	建元別	改元次數	僭立年月
史思明 稱燕帝於范陽	順天 肅宗乾元二年五月改 應天 上元二年正月改三月被殺	二	一年十一月
史朝義 思明之子	顯聖 上元二年三月改代宗廣德元年正月誅	一	一年十一月
段子璋 反梓州	黃龍 上元二年三月改五月平	一	三月
袁　晁 反浙東	寶勝 或作昇國 肅宗寶應元年八月改明年四月平	一	九月
朱　泚 據長安稱大秦帝	應天 德宗建中四年十月改	二	十月

姓氏	建元	改元次數	僭立年月
	天皇 興元元年三月改七月誅		
李希烈 稱大楚帝	武成 興元元年二月改貞元二年三月誅	一	二年二月
裘甫 浙東賊	維平 懿宗咸通元年改卽伏誅	一	
黃巢 初稱衝天大將軍改稱大齊皇帝	王霸 僖宗乾符五年二月改 金統 廣明元年改中和四年六月平	二	六年五月
濮王	天壽 未審何時	一	
襄王熅	建貞 光啓二年十月改十一月被殺	一	二月
董昌 據越州	大聖 一作天聖昭宗乾寧元年改 順天 一作天册乾寧二年二月改明年五月爲錢鏐所破	二	二年有奇
程道養 前蜀亂賊	泰始	一	

後唐僭竊表 起莊宗同光三年。

姓氏	建元	改元次數	僭立年月
東丹倍 遼義宗	甘露 同光三年改	一	

後晉竊僭表

起天福七年壬寅，終八年癸卯。

姓氏	建元	改元次數	僭立年月
漢張過賢	永樂 天福七年七月改明年十月平	一	一年四月

兩宋僭竊表

起宋太宗淳化五年甲午，終南宋孝宗淳熙六年己亥。

姓氏別	建元別	改元次數	僭立年月
李順 成都賊	應運 太宗淳化五年正月改五月平	一	五月
王均 益州卒	化順 眞宗咸平三年正月改十月平	一	十月
妙清 高麗賊	天開 仁宗景祐二年改	一	
王則 貝州卒	得聖 一作德勝慶曆七年十一月改明年正月平	一	三月

姓氏別	建元別	改元次數	僭立年月
儂智高 據廣南	啓曆 皇祐四年五月改明年正月狄青破走之	四	九月
	景瑞		
	端懿 均見玉海		
	大歷 見正閏考		

趙諗	隆興（玉海作龍興崇寧二年改見朝野雜記）	一	
方臘（睦州賊陷杭歙）	永樂（徽宗宣和二年十月改明年四月平）	一	七月
鍾相	天載（南宋高宗建炎四年三月改即平）	一	一月
楊幺	庚戌（建炎四年二月改） 大聖天王（一作大天聖紹興三年正月改六年六月平）	二	六年五月
劉豫（濟南守降金建炎四年九月立爲齊帝都大名後徙汴）	阜昌（紹興元年改七年十一月爲金人所廢）	一	六年十一月
自杞國	乾貞（孝宗淳熙三年改見宋知邕州吳儆劄子及記）	一	
李接	羅平（淳熙六年六月改是年平）	一	
吳曦	轉運（見沈氏正閏考）	一	
李婆備	太平	一	
王法師思	羅平	一	
雷進	人知（一作人和）	一	
李令戎雷進	正法	一	
陳萬	天戰	一	
廖森	重德	一	

姓氏別	建元別	改元次數	僭立年月
李子揚	龍興 以上七號皆見玉海而不詳其時	一	
徐眞一 福建妖僧	天定 見錢東垣建元類聚考	一	

遼及西遼僭竊表

起聖宗太平九年戊辰，終西遼末主天禧二十三年庚戌。

姓氏別	建元別	改元次數	僭立年月
詳穩大延琳 據遼陽	天慶 聖宗太平九年八月改十月平	一	三月
高永昌	隆基 天祚帝天慶六年正月改四月亡	二	四月
	應順 見契丹國志		
耶律淳	天福 一作建福保大二年三月改	一	
蕭后	德興 保大二年六月改	一	
蕭幹 天嗣一本作蕭后號	天嗣 一作天阜一作天興保大二年十二月改明年八月亡	一	九月
奚回離保	天復 保大三年正月改五月平	一	五月
梁王雅里	神曆 保大三年五月改	一	
移剌窩幹	天正 西遼承天后崇福九年九月改即平	一	一月
德壽陁鎖等 契丹	身聖 末主天禧二十三年據信州反改元身聖見金史	一	

金僭竊表 起衛紹王至寧元年癸丑，終宣宗貞祐四年丙子。

姓氏別	建元別	改元次數	僭立年月
耶律留哥	元統 衛紹王至寧元年二月改宣宗貞祐四年降蒙古	一	三年有奇
楊安兒	天順 宣宗貞祐三年二月改即平	一	一月
蒲鮮萬奴	天泰 貞祐三年十月改	一	
張致	興隆 貞祐三年十二月改明年十一月平一作龍興	一	一年
郝定	順天 貞祐三年改即平	一	

姓氏別	建元別	改元次數	僭立年月
耶律斯布	天成 一作天威貞祐三年改	一	
金山	天德 一作天會一作天成貞祐四年改閏一年平	一	一年
乣軍劉永昌	天賜	一	
乞奴	天祐 俱見類聚考	一	

元僭竊表 起世祖至元十七年庚辰，終順帝至正初。

姓氏別	建元別	改元次數	僭立年月
杜可用南康都昌人	萬乘世祖至元十七年四月改見元史本紀	一	
陳弔眼或作邱細春	昌泰至元十八年閏八月據漳州改元昌泰見本紀	一	
林桂芳廣州新會人	延康一作建康世祖至元二十年十一月改	一	
黃華號頭陀軍	祥興至元二十年十月仍稱宋祥興五年明年亡	一	

姓氏別	建元別	改元次數	僭立年月
楊鎮龍	安定至元二十六年三月反據玉山十月平	一	八月
陳空崖溫州妖人	正治成宗大德元年十月改見類聚考	一	
朱光卿廣州人	赤符順帝至元三年正月改	一	
趙普勝巢湖人	正朔順帝至正初見明人史纂	一	

明僭竊表

起英宗正統九年甲子，終懷宗崇禎十年。

姓氏別	建元別	改元次數	僭立年月
葉宗留慶元礦盜	泰定英宗正統九年反十四年爲其黨陳鑑湖所殺見明史	一	五年有奇

姓氏別	建元別	改元次數	僭立年月
黃蕭養廣州賊	東陽正統十四年	一	

李　珍 錢塘賊	天順 景泰七年	一	
李天保 麻城人	武烈 英宗天順中	一	
劉　通 陨陽盜或作劉千斤	德勝 憲宗成化元年見白圭傳	一	
福建妖僧	天定 成化時見陳懋仁年號韻編	一	
寧藩宸濠	順德 武宗正德十四年六月反旋被擒伏誅	一	
順泰王 江津流賊	明正 正德中見馬氏韻覽	一	
張　璉 廣東賊	造歷 世宗嘉靖三十八年見胡宗憲傳 龍飛 見紀元韻敍	二	

蔡伯貫 大足縣妖人	大寶 穆宗隆慶間見毛奇齡後鑒錄或云嘉靖四十四年時	一	
李　文 固原賊	天眞混 神宗萬曆時見紀元韻敍	一	
万俟德 蔚州賊	元靜 一作玄靜天啓二年見頌天臚筆	一	
徐鴻儒 山東白蓮賊	興勝 一作大乘興勝天啓二年正月	一	
張惟元 廣東山賊	永興 崇禎元年見後鑒錄	一	
張普薇 馬廖洋民	天運 崇禎十年見王光承鎌山草堂集	一	
奢崇明 永寧宣撫	瑞應 見徐如珂平渝事略	一	
段　鋹 妖賊	平定 一云改名趙可與改元大順平定見年號韻編	一	

馬祠 妖僧	圓明大寶 見歷代建元考	一	
黃金剛奴	龍鳳 見紀元韻敍韻覽云田九成	一	
田斌 山東賊	天淵 見紀元韻敍年號韻編作王斌	一	
僧省悟 鎮江妖僧	宏閏 見紀元韻敍	一	
妖僧明本	湧安 見年號韻編	一	

淸僭竊表

起世祖順治元年甲申，終咸豐二年丁巳。未建元者不錄。

姓氏別	建元別	改元次數	僭立年月
孫可望 張獻忠部下	興朝 順治初年見明史	一	
劉守分	天定 順治元年九月反旋平見紀元類編	一	
胡守龍 陝西人	淸光 順治二年六月反六年平見東華錄	一	四年有奇

姓氏別	建元別	改元次數	僭立年月
蔣備恂 蠡縣庠生	中興 順治四年即平見顏習齋年譜	一	
東明士豪	天正 順治五年八月旋平見東華錄	一	
蕭惟堂 建寧人	天順 順治十八年旋平見楊青岩閩南紀事	一	

王耀祖（遼東土酋）	大慶（康熙四年三月旋平見東華錄）	一	
楊起隆	廣德（康熙十二年十二月即平見清史覺羅吉哈札傳）	一	一月
耿精忠	裕民（康熙十三年十月改十五年十月降）	一	二年一月
魏枝葉（雲南師宗人一云係李天極昆明人）	文興（康熙四十五年託言明桂王孫即平見清史貝和諾傳）	一	
朱一貴（臺灣人稱中興王）	永和（康熙六十年四月反旋平見平臺紀略）	一	
林爽文（漳州人）	順天（乾隆五十一年十一月反五十三年二月平）	一	一年四月
黎樹（湖北人）	萬利（嘉慶二年二月即平或云萬利王僞號大慶）	一	一月
李明先（桂陽人）	洪順（成豐二年聚衆應洪秀全別稱洪順元年旋平）	一	

歷代擬議不用年號表

國別	帝號別	建元別	擬議次數
宋	孝武帝	神爵（漢宣帝有此號） 神雀（此號別見俳諧文）	二
	武昌王渾	元光（漢武帝金宣宗均有此號）	一
梁	簡文帝	文明	一

唐	高宗	通乾	一
	德宗	天元（元寧宗有此號）	二
		元慶（一云大慶）	
宋	神宗	豐亨	三
		美成	
		平成	
	徽宗	執中靖國	一
	欽宗	慶祐	一

南宋	高宗	炎興（蜀後主有此號）	一
	元懿太子	明德（後蜀孟知祥有此號）	二
		明受（一作朋受）	
	孝宗	純熙	三
		乾統（遼天祚帝有此號）	
		重熙（遼興宗有此號）	
	理宗	乾淳	四
		開興（金哀宗有此號）	

		經平	
		至平	
金		新德 宋訛傳此號見朝野雜記	一
明	世宗	紹治 按此號已鑄錢	二
		明良 見紀元韻編	
	廣通王徽㷖	乂武 景泰二年見沈德符戊壬編	一

	太子慈烺	義興 闖賊傳揭見明季見聞雜錄	一
	定王慈炯	乾定 蓋訛傳見夏完淳南都雜志	一
	福王	定武	一
	桂王常瀛	興隆 聞閩王立遂殺見珠江備錄	一
大西	張獻忠	天命	一

錢文年號 以僅見錢文或有譜可考者為限

光紹 光順 光大 光武 大世 大治 大明 大正 大千

大蜀 大唐 大齊 大宋 大元 大吉 大富 大生 大夏眞

興　大朝金合　天清豐樂　天策府寶　天瑞　天鎮　天佑　天宋
天資　文信　文永　文定　文統　文祿　文治　太聖　太貨
明命　明治　明四　明定　明正　定天　定元　定平　元平
元慶　元通　元隆　元順　元德　政平　政定　長年　長祿
聖宋　聖曆　聖元　聖通　嘉隆　嘉興　景興　景盛　景統
景元　景恩　永定　永治　永寧　永盛　永通萬國　永傳萬國
熙元　熙古　熙統　唐平　唐國　皇宋　皇元　皇恩　皇熙
開丹　開和　開建　開定　開泰　開基　正元　正和　安法
安康　安符　宣仁　宣定　平南　平安　平和　祥隆　祥宋
祥元　祥聖　祥光　紹隆　紹符　紹平　紹宋　紹元　紹豐
咸熙　咸紹　咸勳　咸元　建康　建國　建順　寶永　寶興
保立　保泰　洪順　洪德　漢元　漢聖　治元　治和　治承
隆平　隆興　延寧　延喜　乾天　乾文　乾符　應感　應聖

助國　順平　統元　宛仁　皇帝　久安　威烈　萬年　千秋
一定　三韓　海東　東國　朝鮮　承和　福平　享保　壯國
金世　世高　箱館　寛永　玄聰　崇明　昭統　周元　宋元
得壹　允裕　鎮國　寧民　盡隆　廣和　壽隆　和同　泰德
仙臺　端慶　慶長　立元　義通　重光　堅利　啓定　感天
嗣德　常平　五行大布　趙寶重興　丹巡貼寶　巡貼千寶
百貼之寶　國寶金匱　富壽神寶　饒益神寶　招紹信寶　高昌吉利
承華普慶　重華萬壽　暘虞峙錢

道經雜記所載年號　以正史不載者爲限

赤明　龍漢　康泰　中皇　無極　元景　平初　上皇　天景
清虛　清寧　元元　開化　上和

右道經所載凡十四號

萬通蜀記　大亥　大美

神雀 俳諧文

妙觀 嫏嬛記

海珍 水族加恩簿

神電 孫奕示兒編

風和 鷄肋編潁昌府城東北內鐵樞鑄字云風和六年六月造

通容 見濟瀆廟龍池石記

天符 絳州白雲洞有晉天符五年白雲子書佛經

弘知 廣記附見

右雜記所載凡十一號

歷代建元考終